文案策划

宣传片角逐的秘密武器

任立民 ◎著

华中科技大学出版社
http://www.hustp.com
中国·武汉

图书在版编目(CIP)数据

文案策划:宣传片角逐的秘密武器/任立民著. —武汉:华中科技大学出版社,2019.1(2022.3重印)
ISBN 978-7-5680-4663-3

Ⅰ. ①文… Ⅱ. ①任… Ⅲ. ①广告文案-营销策划 Ⅳ. ①F713.812

中国版本图书馆 CIP 数据核字(2018)第 236761 号

文案策划:宣传片角逐的秘密武器
Wenan Cehua:Xuanchuanpian Juezhu de Mimi Wuqi

任立民 著

策划编辑：亢博剑　孙　念	
责任编辑：孙　念	
封面设计：金　刚	
责任校对：李　弋	
责任监印：朱　玢	
出版发行：华中科技大学出版社(中国·武汉)	电话：(027)81321913
武汉市东湖新技术开发区华工科技园	邮编：430223
录　　排：华中科技大学惠友文印中心	
印　　刷：湖北新华印务有限公司	
开　　本：787mm×1092mm　1/16	
印　　张：17	
字　　数：268 千字	
版　　次：2022 年 3 月第 1 版第 4 次印刷	
定　　价：42.00 元	

本书若有印装质量问题，请向出版社营销中心调换
全国免费服务热线：400-6679-118　竭诚为您服务
版权所有　侵权必究

前　　言

每个人都在迷茫的路上前行；每个企业都试图通过那扇虚掩的大门寻找光。

笔者几年前出了第一本书《商业宣传片私作品：文案、创意、策划》，在社会上反响热烈，在此表示万分感谢。为了保持实时互动，笔者还建立了一个微信群，与全国各地的文案策划及影视从业人员沟通交流，探讨行业最新变化和趋势，并分享最新案例。

很多人发现，市场上永远不缺艺术大片和广告大片，但缺少接地气的、具有洞察力的、能够在艺术与商业间达到平衡的短视频，而这也正是千千万万个成长型企业所需要的。

时代急剧变化，消费者也在迭代升级。无论是上市企业，还是初创企业，无论是传统老牌企业，还是互联网新秀企业，它们都有着最为现实的需求：招商、路演、融资、新产品上市、形象推广、品牌造势、营销、周年庆等。企业面对的受众五花八门，营销的风格也是多种多样。

换句话说，他们都在试图找寻一种更好的沟通方式。站在品牌运营的角度，人们发现，推广渠道越来越广，但信任感却越来越稀缺。与此同时，基于品牌或产品的内容策划、内容创意、内容营销、内容传播逐渐成为俘获大众信任的战略武器。而作为最有效的载体和手段，短视频风生水起。

没有最好的短视频，只有最合适的短视频。

如何表达品牌价值观？如何立体呈现品牌魅力？如何站在艺术和商业的角度讲述品牌背后的故事？讲"人"的故事还是匠心的故事？这都是做商业短视频要考虑的内容。

市面上，我们见得最多的商业短视频形式是：人物口述＋工作写照。这种微记录的形式其实是一种标准化的形式。一部短视频可以拍出100多种形式，但只有经过策划和设计的定制化的短视频，才能让品牌展示出自己的不可取代之处。

经常有朋友发来消息说,任老师,你的某篇文案被某某制作企业移花接木到另一企业身上,我也无可奈何。毕竟,对于很多企划部人员或文案从业者来说,只有在模仿中才能成长。村上春树还说过:所谓独创,不是别的,就是经过深思熟虑的模仿。所以模仿没错,但一定要有自己独立的思考,一定要为客户打造出独特的气质。

品牌从来不是为拍片而拍片,文案策划环节永远是核心。据统计,平均每人每天花在微信上的时间是66分钟。为品牌定制的短视频能抢到3分钟时间就算成功了。定制短视频要说什么?怎么说?说给谁听?本书将从营销目的、风格调性、必备技能三个层次进行阐述,很多内容来自微信群的分享,也是群友比较关注的内容。

跟《商业宣传片私作品:文案、创意、策划》相同的是,本书所涉案例均为笔者原创。不同的是,本书不仅展示了最新的案例,更融入了一些营销思想,以及更实际的技能操作,内容架构也更加系统化。相信无论是老读者还是新读者都会有新的启发。

2017年7月,国家新闻出版广电总局发布了《光荣与梦想——我们的中国梦》宣传片。笔者相信,在践行伟大中国梦的道路上,无数成长型企业正被牵引,并看到了那道冉冉升起的曙光。

或许,未来的风口在哪里并不重要,套用"外婆家"创始人吴国平的一句话:当别人都追求风口的时候,正是匠心的未来。

目 录

营销目的篇

品牌形象推广、打造 ... 3
  归真金胆:好的熊胆粉一定是"养"出来的 ... 4
  威普电器:大时代源自细微的感知和对待 ... 12
  中国铁塔:只要出发,总会到达 ... 18
  杭州红十字会医院:祛除病患的最强大力量是对生命的仁与爱 ... 21
  上海洋泾街道:泾水长流,魅力无限 ... 26

路演宣传片 ... 35
  万聚渔业:世界上有很多种美味,却只有一种鲜活 ... 36
  酒泉信息港:昔日丝路重镇,缘何大放异彩? ... 40
  尚泽医美梦想篇:一伙人,一份事业,一辈子 ... 44

新产品上市(众筹) ... 46
  万聚掌汇一体机:让移动支付更自由 ... 48
  弘和安防科技宣传片:开车门也是一种责任 ... 52

招商宣传片 ... 56
  宜兴经济技术开发区:一切面向未来,面向一切未来 ... 57
  希之彦:顺其自然,方能成为必然 ... 61

活动(发布会)暖场视频 ... 65
  绿城"美好若杭州":一城一美好 ... 65
  浙江省四川商会——聚义抱团,商行大道 ... 70

周年庆宣传片 ... 74
  潍柴集团:向世界展示令人震撼的中国力量 ... 74
  浙江省血液中心:凝心聚爱,长袖善舞 ... 83

团队文化展示 91
- 中脉百合团队：想不到的升华和蜕变 92
- 中脉信诚团队：别具一格的事业相对论 95
- 肯德基：正年轻，正能量 98

旅游形象宣传（专题）片 101
- 丽水："心"出发，"心"旅程 101
- 湖州煤山：用色彩，描绘城市面孔的丰富和多姿 106

政府成果汇报 110
- 宜兴市残联十二五工作纪实：助残，筑梦 111
- 八里店镇2017年共建文明城镇：一群人、一座城、一个梦 121
- 湖州煤山：再出发，一张蓝图绘到底 129
- 高校（培训机构）招生 132
- 宁波职业技术学院：和而不同，因你而荣 134
- 浙江工业大学之江学院：青春不设限，才会精彩无限 139
- 北大青鸟招生宣传片：生命何以出色，因为你就是主角 144

农业匠心视频 147
- 龙额火山茶：稀缺为见，一品不同 148
- 严老伯枸杞：不仅还原自然本质，更用良心考量现实 151

风格调性篇

大气国际化文案 159
- 亚厦集团：走过每个时代，才能走在时代前面 160
- 超威：以和合之名，向梦想致敬 164

煽情走心文案 167
- 盛缘轩：感恩之心，常驻我心 169
- 七彩人生：若生命是一场优雅蜕变，你以谁为伴？ 173
- 肯德基：每一份平凡都值得温柔以待 179

唯美清新小资体文案 ······ 184
- 生态煤山：趁诗酒年华，赴一场美丽之约 ······ 184
- 棉来啦：大自然才是最好的配色师 ······ 186

诙谐幽默文案 ······ 188
- FM988：向快乐出发，没有什么可以阻挡 ······ 188

时尚华丽有腔调文案 ······ 192
- 嫒颂：独立风格诞生，就是自己的重生 ······ 193

必备技能篇

如何提炼一个好的概念？ ······ 199
如何写一个吸引人的开头？ ······ 202
如何梳理一条清晰的主线？ ······ 217
如何谋篇布局，才能环环相扣，一气呵成？ ······ 224
如何写出打动人的句式？ ······ 228
如何写一个回味无穷又富有感召力的结尾？ ······ 236
如何以营销思维写文案？ ······ 246
怎样才能讲好故事？ ······ 249
视频营销：如何找好切入点？如何把握好推进的节奏？ ······ 253
附录 A　客户调查表 ······ 255
附录 B　部分群友评价（不分先后） ······ 257

营销目的篇

品牌形象推广、打造

有人说,身价千万的老板更注重实的东西,比如公司规模、荣誉称号、网络分布等。而身价上亿的老板更喜欢虚的内容,比如无形资产、文化、情怀等。

过去1.0时代讲究渠道为王,在品牌形象塑造过程中,企业总喜欢面面俱到,滴水不漏。高大上的办公室、现代化的厂房车间流水线成了宣传片的标配,但后来企业发现,消费者对此已经审美疲劳,并不怎么买账。

2.0时代,内容为王、流量为王、体验为王。一切都以消费者为中心,形象宣传片有了很多变化:

● 注重无形,淡化有形。

伴随移动互联网的快速发展,部分传统认知、传统审美观被肢解和颠覆。面对社会的浮躁,我们都在渴望一股清流。不忘初心,方得始终。看得见的是产品,看不见的是产品背后的故事。因此,品牌的起心动念至关重要,一份执着、一份情怀、一份死磕精神,这些无形的东西才让整部片子有了精气神。

● 偏向艺术表现,弱化写实、弱化商业性。

商业与艺术始终在打太极。面对见怪不怪的大众,更多品牌形象宣传片开始倾向于牺牲商业性,偏重艺术性,用唯美细腻、富有艺术情怀的视频俘获大众眼球,进而俘获他们的内心。可以说,硬广告翻篇,软植入盛行,形象宣传片如同艺术的盛宴。

● 擅长用画面表现,文案起到穿针引线和画龙点睛的作用。

过去,人们都喜欢用线性思维进行思考,把所有信息都诉诸文字,造成大而全、滴水不漏的现象。现在人们逐渐明白影视思维的重要性。文案和画面的关系是互补的。能通过画面表现的就不要用旁白,文案往往起到穿针引线和画龙点睛的作用。

● 时长大都控制在三到五分钟。

碎片化的阅读时代，人们追求短平快。过去那种冗长乏味的视频早已超越了大众的忍耐度。三到五分钟甚至一两分钟的时长足矣。

总之，通过一种调性来输出价值观，传达品牌态度，貌似低调却又不失腔调，真诚而不做作，这样的短视频更容易达到与受众沟通的目的。

归真金胆：好的熊胆粉一定是"养"出来的

该客户经营的产品是熊胆粉，想做一个三分钟的品牌宣传片，受众定位是高端商务群体。三分钟的微视频文案，也就600多字。用这600多字完整地表达品牌形象、品牌理念，要有思想、有格局、有诚意，感性又不能空洞，尊贵大气又要上档次，实属不易。

说起熊胆粉，不知大家有没有印象，前几年，有很多关于"活熊取胆"的负面报道，所以人们脑海中总会出现一些血淋淋的画面。我们就要通过这篇文案打消人们固有的印象，让人们对熊胆粉有一个新的认识。

提笔容易下笔难。要知道，写文案之前，摆在大家面前的素材都是一样的，但不同的文案写出来的感觉千差万别。

下面我们看一下，第一篇文案是怎么写的。

文案1：

社会的不和谐发展

虽然带来的是人类的局部进步

但是也引发了疾病的多样暴发

生活中，难以避免

众多应酬，数不尽的推杯换盏

过度劳作,更严重的身心疾病
在强劲的压力下
我们生活得不真实,不自在

权威机构数据统计
中国现有各类肝病患者1.3亿
肝病成为诱发死亡的第一因素
关注肝胆,刻不容缓

归真金胆,熊胆粉
《本草纲目》记载,药中黄金
因关爱而生,为健康而来

科学、人性化的黑熊养殖方式
先进、专业化的无管引流技术
九重淬炼下方得1克
我们以敬畏的姿态
感谢大自然的馈赠

归真金胆
预防醉酒熬夜等方式造成的肝胆损伤
对于肝胆类疾病有着显著的修复疗效

归真金胆
纯天然、无添加
透明光亮如琥珀
质松脆味苦回甜
纯粹而不杂,素朴而无伪

触摸最原始的关怀

享受最健康的幸福

我们以至真,达至善

黄金易得,金胆难求

苛刻的培育条件

严格的生产流程

造就归真金胆的稀有昂贵

我们以此为傲

科学循证,无可替代

千年的传承,药中臻品

正因为

轻身长年,扶正固本

才能够获得人们的理解、青睐

乃至于全社会的认可

归真金胆

立足于自然,回报于社会

以我们至诚至真的爱

担起企业的社会责任

传递健康,创造美好的生活

点评:

优点:该有的信息都有了,比较全面。

缺点:

(1)开篇负面观点较多,对本产品不利,占时间也长。

(2)口号多,叙述方式较空洞,有罗列之嫌。
(3)价值观传达不清晰,说服力不够。
(4)产品的尊贵感体现得还不够。
(5)广告味比较重,诚意不够。
没有最好的文案,只有更合适的文案。
接下来,让我们看一下第二篇文案。

文案 2:

1992年,邱淑花在家乡的群山里

为熊宝宝们找了处新家

人们都叫她熊妈妈

黑熊们在这里惬意地生活着

多年来,邱淑花不断为黑熊们争取到更大更舒适的生活空间

从168亩

到1200亩

如今已占山地3000多亩

人工饲养黑熊需要非常丰富的经验

和一流的繁育技术

邱淑花从刚开始就意识到技术养殖对黑熊的重要性

在全体员工的共同努力下,黑熊们的平均寿命比野生黑熊延长了10年左右

《本草纲目》早有记载熊胆具有非常实用的药用价值

被誉为"药中黄金"

近代科学也证实了熊胆不可替代的药用功效

这是大自然的赐予,但同时也引来人类对黑熊的伤害

传统的"活熊取胆"非常残忍

于是,果断废弃此法

采用先进的无管引流

引流后,黑熊又能愉快地玩耍

归真金胆在黑熊胆汁的利用上也丝毫不敢懈怠

成立了双院士工作站

和博士后工作站两个工作站

经过不断的开发研究,胆汁发挥出了最强的药用功效

九重淬炼

方得片克

这就是归真金胆的真实写照

归真金胆的态度,是对黑熊的负责,也是对自然的敬畏

自然的赐予

我们唯有感激

归真金胆,千锤百炼只为你

(或千锤百炼,至真如金)

点评:

优点:以讲故事的形式娓娓道来,容易打动人。

缺点:

(1)头重脚轻。开篇笔墨较多,讲了半天,也没带出品牌来。

(2)《本草纲目》的画面过于传统。

(3)"活熊取胆"的画面不应该出现,会引起人们反感。

(4)结尾格局不够大,只是停留在做药的层面上。

(5)整体的诚意有待加强。

以上两篇文案都没有被客户通过。

要知道,现在客户的要求越来越高。移动互联网时代,大家见的东西非常多,头脑中就增加了很多衡量标准,这对文案创作人员来说是一个挑战。

在这里,笔者分享一个观点:文案其实就是人格的外化。对于品牌来讲,就是品牌人格的外化。也可以换句话说:人格是底片,文案是照片。

一个真诚的人,别人不容易拒绝。
一篇真诚的文字,别人也不容易拒绝。
所以,在写文案的时候,一定要像对待朋友一样,在一个环境非常美的咖啡馆,对你的朋友娓娓道来。千万不要带着一种商业的企图心,否则会让人觉得在做广告,引起大家提高警惕。

基于这样的一个标准,我们给出以下文案。
(注:本创意宋驰、何佳亦有贡献。)

文案3:
不是所有的金胆级熊胆粉都叫归真金胆。

作为肝胆健康专业服务机构,归真金胆以敬畏之心,将行业标准制定者纳入机构体系,选择精制纯天然、金胆级熊胆粉作为主推产品。

因为知道去向哪里,才能脚踏实地。在归真金胆看来,发展不只是越走越远,而是沿着走过的路回到原点。

很早以前,这片土地的主人就明白,
亚洲黑熊天性酷爱自由,
好的熊胆粉一定是"养"出来的。

尊重亚洲黑熊的生活方式,从身心上去关爱它们的健康,福利养殖,如你所见。

归真金胆把基地选在了北纬20~30度的黄金地带,独特的阳光、空气、水

源,让亚洲黑熊拥有了美丽的生活家园。(字幕:3000多亩)

为了让它们更加健康成长,专家们为亚洲黑熊筛选最合理的日粮配方,并不断为它们争取到更大更舒适的生活空间。

归真金胆不满足于此,对基地的亚洲黑熊进行再次筛选分级,使稀缺性进一步提高,成就了精制纯天然金胆级熊胆粉的珍贵。

为了最大程度保存胆汁的活性成分,归真金胆不惜成本,采用最为先进的冻干技术,让每一粒都饱含着大自然所给予的鲜活。九重淬炼,方得片克。每一粒都还原出稀有的金色品质。

大自然的慷慨馈赠,让人们更懂得以感恩的心态善待自然;层层分级,成就了金胆级熊胆粉;品质甄选,更成就了归真金胆。

纯天然,唯本色不变。
这是对顶级品质的坚守,更是对客户一如既往的承诺。
归真金胆始终专注肝胆健康,利用平台的力量和大数据的分析,构建全国顶尖肝胆健康产业生态圈,对生命进行全过程的呵护,让健康产业迸发出更大能量。

世界上有很多熊胆金粉,却只有一种归真金胆。
千锤百炼,至真如金。归真金胆。

分析:

(1)全篇文字高度精练,没有一句废话。

(2)开门见山直接亮出品牌,不拖泥带水(客户要求)。

(3)将商业企图心巧妙地隐藏起来,真诚的态度蔓延在字里行间。

(4)提出一个概念:好的熊胆粉是"养"出来的,然后围绕这一概念进行铺陈。

案例截图：

威普电器：大时代源自细微的感知和对待

嵊州,中国的厨电之都。

自2008年以来,无数企业开始从OEM走向品牌崛起之路,并在多变的市场大潮中不断进行迭代升级。作为深耕多年的老牌企业,威普电器低调务实,成为当地的一个标杆。在它身上,同样投射出短视频发展变化的烙印。

过去,在渠道为王的年代,央视广告＋明星,成了品牌制胜的不二法门。

今天,伴随消费者的升级,我们更喜欢站在艺术和商业的角度讲故事。

先来看一下早期的文案：

(开篇)威普电器,大品牌,值得信赖。

一、品牌篇

2010年,被誉为"家电行业奥斯卡"的中国家电产业十大评选颁奖典礼,再次写下浓重的一笔。经过层层选拔和激烈的角逐,浙江威普生活电器有限公司从1375个报名企业中脱颖而出,为不平凡的一年画上圆满的句号。

追寻成长的足迹,感受品牌的魅力。

1999年,威普电器诞生在中国的"厨具之都"——浙江省嵊州市；

2003年,公司荣获浙江质量信得过产品称号,开始快速发展；

2005年以来,公司相继斩获多项殊荣,一路高歌；

2009年以来,由著名演员陈好、著名主持人刘仪伟、方琼代言的广告,持续在中央电视台投放,引起较大反响。

从诞生的那一刻开始,威普电器就坚持以品牌经营为核心理念,知名度、忠诚度、可信度、美誉度等多项指标均居行业前列。

十年磨一剑,成就威普大品牌。

历经10余年发展,威普电器发展成以生产经营中高端厨房电器和家用燃气热水器为核心的企业,旗下拥有五金、电子、模具、冲压、太阳能等主要配套分公司。

2011年,"十二五"开局第一年,威普电器再次成为焦点。

新落成的生产基地投资达1.28亿,占地120亩,折射出一个企业的发展胸襟,为新的跨越发展奠定了新坐标。

二、创新篇

品牌崛起,创新为先。

从设计、研发,再到制造,威普电器将创新意识融入每一个环节。

截至2010年,威普已获得多项国家专利。

在这里,3万多平方米自主的现代化标准厂房和多条生产流水线,为精品的打造提供保障;

在这里,先进的实验室及专业检测设备,将安全理念进行到底;

在这里,50万台的年生产能力有力地支撑起品牌的架构。

通过创新的技术和卓越的品质,威普电器正引领一场全新的生活方式。

吸油烟机系列

突破性的传统美学艺术,针对使用环境的实际需求,来满足近、洁等功能元素,让你的厨房倍增完美。

燃气灶系列

采用独一无二的顶级奢华配置,整体拉伸全不锈钢底壳,纯铜底座,超强火力,为厨房生活带来不一样的想象。

消毒柜系列

两大专利技术,既有效增加内部容量,又可防止腐烂生锈,延长使用寿命。

热水器系列

多重智能温控,让您随时享受原生态的沐浴。

水槽系列

采用优质不锈钢材质整体拉伸,抗氧化能力强。智能人性台控,存放水更方便。

取暖器系列

以无限创意与人性科技,打造六项领先技术,让您的生活时刻如沐阳光中。

三、文化篇

在引领厨卫革命的同时,威普电器更以独特的企业文化创造不一样的市场价值。

一直以来,威普公司坚持双赢共处,为员工谋幸福,为合作伙伴谋发展的合作理念,形成了以战略和终端辅导式营销为核心竞争力,战略目标清晰的学习型、尊重型和竞争型诚信企业。

作为低碳经济的有力推动者,在绿色节能产品的研发和制造领域,威普电器走出了生动的实践。

2011年,威普电器与慧聪网携手举办了"中华行"系列活动,让大江南北的人们再一次感受到威普品牌的魅力,有效实现了品牌与大众的沟通和对话。

品牌延伸,渠道制胜。伴随稳健而有节奏的步伐,威普电器的营销网络遍布全国各地。

四、未来篇

昨天的不断超越成就了今天的威普,今天的威普必将为更高的经济舞台蓄势待发。

2011年，威普电器确立了以厨房电器为研发重点，市场营销为核心，以"一年上亿"、三年"三个亿"、"五年上市"为发展目标，以"速度、质量、服务、价值"为新的经营理念。

秉持"诚信与感恩"的核心价值，威普电器将实现员工价值、顾客价值和企业价值的快速增长，用五年再打造一个新威普！

威普电器。

存在即合理。短视频在每一个历史阶段都有其特定的使命。

过去，在创作文案的时候，我们习惯于将焦点放在企业身上，而忽略消费者的需求。而到了C2B时代，一厢情愿的硬性表达已经不合潮流，取而代之的是价值观的输出。

没有对比，就没有伤害。

以下是笔者给出的最新文案。

大时代下，
如何让人与厨房展开对话？
如何让最初的厨房理想与信息社会更为默契？
威普相信，大时代往往源自细微的感知和对待。

从第一台抽油烟机开始，威普便与城市脉搏一起跳动。
15年来，威普致力于打造家电大品牌。
从积聚力量到释放潜能，从制造到创造，
布局在不断延伸，荣誉在不断刷新，
厨房梦想又一次变成了最为真实的注视。

每一次伟大的尝试，都从图纸开始。
威普虔诚地对待每一个产品，
通过细节的设计贴合中国人生理曲线的下厨角度，并让美学平衡恰到好处。

出色的外观设计更来自坚固的核心结构,以及永不褪色的材质。
既要经得起全面考验,更要经得起时间锤炼。

从设计、研发,到制造、检测,
你看到精准,看不到背后的苛刻;
你看到品质,看不到背后的历练;
你看到的是高效,威普看到的是一丝不苟;
你看到的是一件件产品,威普看到的是产品背后的你、我、他。

为了让厨房生活更简便和安全,
威普用全方位的考验打消人们方方面面的顾虑。
甚至只需轻轻一按,一切随意而来。
感性的时尚,理性的科技,
每一款产品,都是一次跨界的融合和表达。

多年来,威普积极与绿色接轨,并同步自身营销服务体系的完善,用最大努力满足人们最小的心愿。

时间洗礼,风景被一一定格。
在时代的巨大惯性面前,威普始终坚守:
产品与人品同在,信誉与生命共存。
相信创新的力量,相信品牌的力量,相信口碑的力量。

世界上有很多产品形态,却只有一种根本的姿态。

大时代下,
威普不仅仅是品质的打造者,更是出众生活的造梦师。

——威普电器

分析：

不难看出，我们将焦点放在大众需求，放在"人"身上，通过背后的探索来展示品牌的人格魅力。结构上更紧凑，文风上更加感性。而一些硬性的元素通过画面和字幕的形式呈现，与旁白相辅相成，自成一体，一气呵成。对旧元素重新整合，并围绕新的概念进行价值观的输出，这样更容易引起受众的共鸣。

案例截图：

中国铁塔:只要出发,总会到达

毋庸置疑,年轻人更喜欢清新文艺范,长者更喜欢老派严谨范。

前者追求感觉、感性,后者追求完整、准确。

一个硬币两个面,没有孰是孰非,关键是要明确目的和受众,否则,艺术与商业总是打太极。

中国铁塔,整合了移动、电信、联通三大运营商,以第三方公司的形式承建基础铁塔和附属设备,破解三家运营商基站不互通问题,进一步提高电信基础设施共建共享水平,形成合作共赢的良好局面。

因为对方负责人喜欢文艺的表达,我们根据其想法写出了以下文案。

(注:本创意范范亦有贡献。)

序号	旁白或字幕	画面内容	字幕特效
(1)	每个人都渴望远方,远方真的那么重要吗?	摄影师望向远方的画面。有朝阳,有山峰,有远路,有溪流。 (叠画)憧憬而又迷茫的眼神。	
(2)	全新出发,是对未知的挑战,更是对内心的重新探索。	摄影师开始行走,行走中停下望向顶峰(眼部特写)。 摄影师拍摄完一张缓缓放下相机(脸部特写),(叠画)铁塔航拍或车辆行驶在山路上。	2014年12月19日中国铁塔浙江省分公司挂牌。 使命、责任、担当
(3)	很多时候,阻碍你前行的不是远处的高山,而是脚底的一粒沙。	泛着沙尘的崎岖不平的小路。	

续表

序号	旁白或字幕	画面内容	字幕特效
(4)	留给世界的也不是一个漂亮的风景,而只是一个背影。	各种路和背影画面。	
(5)	天气预报说:南部暴雨。 温度计说:北方零下10℃。 坡度表说:地形40°角。	摄影师拍摄着正在检修的工人。 各种场景建设、巡查、维护画面。 伴随各种不寻常的严酷天气。	集约、规模、专业、高效 2015年投资42亿元,建设规模位列全国第三;交付验收2.7万个基站,客户需求满足率99.7%,解决历史疑难站点1336个,解决率77.3%;新建站完工周期29.8天,节约了一半以上时间。
(6)	然而,多谢这一切! 从海岛到高山, 从城市到丛林。	舟山、丽水、湖州、杭州等多个点。 一组组铁塔快速"生长"的画面(延时摄影)。	
(7)	当一座座铁塔与当地自然和谐相融, 当一滴滴汗水化作实实在在的数字,	美观小巧而又隐蔽的各种铁塔,与地形地貌的和谐相融。 (叠画,淡入淡出效果)设计师不停在图纸上画着各种造型的铁塔。 信号刚刚接通的那一瞬,工人们擦去汗水,开心地微笑着。 各种朴实、有着地方特色的笑脸。	(字幕:各种塔形名称) 节约、和谐、价值 2015年少建铁塔2.1万个; 减少土地占用4835亩; 减少钢材消耗21.5万吨; 节约投资69亿元,维护费用8102万元。
(8)	眼前呈现的,已不仅仅是风景,更是时代的担当。	摄影师微笑着在林中抚摸着长在树型铁塔上的藤蔓叶子(脸部中景、手部特写)。 人站在塔前(底部仰拍)。 航拍快切:座座铁塔不断向远处延展,好像接受着人的检验。	

续表

序号	旁白或字幕	画面内容	字幕特效
(9)	让我们再一次出发，因为只要出发，总会到达。中国铁塔。		
(10)	（字幕） 2014年10月31日，与浙江移动合作启动4G基站建设； 2014年挂牌，与浙江省人民政府签署战略合作协议，与三家电信运营商签订共建共享合作协议； 2015年桐乡河山镇堰头村基站顺利交付使用，完成浙江铁塔第一塔的建设交付； 2015分别与浙江移动、浙江联通和浙江电信签订《省级公司服务协议》； 截至2015年底，中国铁塔浙江省分公司拥有铁塔8.1万座，机房3.4万间，总资产111亿元，已成为浙江省规模最大的基础通信设施服务企业。	以花絮形式呈现大事记（左边照片＋动态视频，右边滚动字幕）。	

分析：

本片以一名摄影师为主线，通过对"远方"的诠释和演绎，展示中国铁塔浙江省分公司的整个发展过程，没有直白地阐述，而是比较感性地娓娓道来，短小精悍，能在受众大脑中快速树立第一印象。

当然，艺术片虽然好看，但有它的局限性，那就是很多实实在在的内容都没有说清楚。

所以，世上没有万能的宣传片，如果做成一部没有感染力的大杂烩，所有内容都表达清楚了，那跟PPT又有什么区别呢？

其实，最好的解决方法就是在预算允许的情况下，制作一系列短片，不同的主题诉求，有的偏重于传统介绍，有的偏重于艺术传递，各尽其用，效果会更好。

杭州红十字会医院：祛除病患的最强大力量是对生命的仁与爱

形象片的最高境界就是：什么都没说，什么都已说。

说起医院宣传片，可以想象得到：清一色的白大褂，加上一堆医疗设备，再配上毫无感染力的旁白。这种宣传片最终没有提升形象，反而给医院减分。

杭州红十字会医院有着80多年的发展历史，这么多年却一直没有拍过宣传片。我们在沟通的时候发现，该院何院长是学艺术出身，他说司空见惯的传统表现形式已经很乏味，他更喜欢有格调、有张力的画面表达。

我们发现，该医院有一个非常独特的小教堂，红墙建筑，尖拱窗户，再加上一尊修女像，在绿树掩映下，让该院有了不一样的风情。该教堂屹立了80多年，是历史的见证，是仁爱理念的传承。而与之相呼应的是科技感十足的现代化医院大楼，古老与现代就这样并存，有些东西已经不需要借助语言了，我们决定通过画面让观众自己去感受。以下是提案：

一、定位

本片是形象宣传片，不是传递基本信息的专题片，可以说更偏向于概念化、意象化、艺术化。

因此，它更像是一部艺术品，而非广告片。

在内容上它既反映自然面貌，又反映精神面貌，传达属于红十字会医院的人文气质和情怀。

二、作用

本片如同一张视觉名片，传递精神、传递情绪，在对外交流时，起到情感上的软性沟通作用。

我们希望观众能够触景生情，从一个有着80多年发展历史的红十字会医院身上感受到一种新的生命力。

同时，让老员工、新员工，他们对医院的情感也好，归属感也好，都浓缩在这部片子中。

三、载体：光与影

光是世间万物诞生的缘起。

每一天的开始，都是由光拉开帷幕。

人们看到光，就能感受到生命的仁慈与爱。

而仁爱正是红十字会医院一直所倡导的理念。

因此，我们以光作为创意点，用光来唤醒万物。通过光线的游移、变化，将观众的视线带到不同的景物上面。通过光，展示整个建筑格局的错落有致，红色古典建筑与绿树的相映成趣，古建筑与现代建筑的呼应，在一动一静之间，在一张一弛之间，让整个画面有了气韵。

除此之外，光与影的交替也反映出一种时代的薪火相传，让人感觉，在护城河畔的一方土地上，红十字会医院正和这座城市和谐共生。

四、调性

本片没有夸夸其谈的自我标榜，没有口号式的灌输，而是通过一种真诚的态度，真实再现这里的一草一木、一砖一瓦，再结合人物口述，画面唯美之余又彰显人文气质。

五、思路

清晨，红十字会医院以自己的方式迎来新的一天。

画面从修女像开始，镜头扫过脸庞，接着展示整个雕像。

一切开始苏醒。

仰视香樟树，茂密的树冠透着光，接着展示整个树体，随着光的游移，树的纹理特写。

绿茵茵的草坪,露珠从叶片滑过,一幢幢红色建筑在绿树掩映中呈现古典气息,在光线游移中形成丰富的层次变化。

红色建筑内光线游移到不同的角落。

古老的走廊,护士们的身影忙忙碌碌,不同的人员在穿梭,而建筑永恒。
古老的窗口,也在不断接纳着阳光,古与今似乎在对话。
在光线变化中,伴随天籁般赞美诗的响起,古老的教堂映入视线。
光线不断在斑驳的墙壁上移动。

尖拱的窗子上一块块彩色的玻璃,蓝的、白的、黄的、红的,在太阳照耀下折射出很多色彩来。

(教堂内场景展示)
接着,仰视红色建筑,天空流云不断翻滚。
镜头过渡,音乐节奏稍快,充满现代气息的综合大楼上空,天空的流云在翻滚。
光线在不同层次的建筑上游移,影子在变化。

(门诊大楼整体展示)
大厅里,人来人往,川流不息,井然有序。

阳光从天窗洒下来,明亮了整个空间。
阳光游移在不同的空间和角落。

(手术室或其他科室展示)

老专家：一辈子做一件事，就是对得起病人、对得起社会。红十字会医院作为全国首家三甲医院，是杭州市历史最悠久的医院之一。可以说，一切都在变，一切又都未变。

（穿插工作照片，下同）

（护士站）

护士们忙碌的身影。

护士长：我们每天都要问病人哪里痛，哪里不舒服，这样的话，到我这里已经说了80多年。

（风湿免疫肾内科实验室）

专家：最早只有6个科室，现在已经有31个，这离不开医学前辈的辛勤耕耘、呕心沥血，更离不开社会对我们的褒奖，这都是我们前行的动力。

（百草园小路，老人打太极拳特写；水池及百草园植物小景特写）

由植物过渡到病房，重点展示VIP病房。

专家：从100个床位，到1000个床位，增加的不只是一个个数字，更是一道道别样的风景。

（一组医生办公室扫描）

西医专家代表：每天都有上千人来这里就诊，200多位高级医师严阵以待。作为称职的医者，祛除病患的最强大力量是对生命的仁与爱。

（画面过渡到中医门诊、针灸室）

中医专家代表：杭州老百姓有句话，打针灸，到红十字会医院去。这句话对我们来说既是一份厚重的礼物，又是一个鞭策，鞭策我们继续把工作做到更好。

（院长办公室）

光从百叶窗照进来，光影移动。

院长：红十字会医院秉持红十字会精神，并在时代发展中与时俱进。在分享医学技术飞速发展的同时,我们更追求仁爱精神的升华,让这种精神体现在医务人员的思想、情感和行动上,并成为一种自觉文化,最终让对生命的关怀绽放光芒。

(光在不同的老照片上扫描)

夜幕降临,灯光层层点燃。

长廊上的灯开始亮起,与白天的光形成接力。

其他角落,各种灯光相继点亮,形成呼应。

最后,与开头呼应,随着灯光减弱,阳光再次初现,迎接新的一天。

画面由贴沙河过渡到整个医院外景。

修女像目视前方,似有所思。LOGO落幅。

后续:

与院方沟通的时候是四五月份,蓝天白云,天气晴好。但到了真正实拍的时候,正赶上梅雨季节,晴天少,天气通透性差,光影没有达到理想效果,不过宣传片的整个调性还是得到了院方的高度认可。

案例截图:

上海洋泾街道：泾水长流，魅力无限

很多客户对一部视频效果的期待甚至达到了难以想象的高度。在客户对自身定位不够清晰的情况下，甲乙双方的沟通可谓跌宕起伏，有时无疾而终，有时演化成一场马拉松，而文案呢，不明就里地成为炮灰……一条看似简单的视频，背后却是双方各自立场的拉锯，最终通过一套缜密的逻辑思考握手言和。没错，有时所谓的创意就是让逻辑跳舞。

这次，上海洋泾街道要做一部形象宣传片。

目的很简单，希望通过视频完整呈现洋泾街道的面貌以及街道背后所做的贡献，让了解的人有归属感，不了解的人有好感。

过去，我们一贯的思维是：政府部门比较老套，文案方面肯定是大而全，滴水不漏。但接触后发现，海派文化有所不同，客户意识比较超前，这次要做的不是传统意义上的专题介绍片，而是形象片，没有解说词。

没有解说词，并不意味着不用写文案。相反，背后千丝万缕的逻辑以及属于洋泾街道的气质一定要通过文字表达出来。

由于正赶上街道的定位改变，所以整个沟通过程并不顺利，来来回回经历了很多次的修改，但最终双方对六个"华"的概念达成一致。接下来，先看下整体构思。

（注：本创意杨剑文、谷晨亦有贡献。）

一、主题

泾水长流，魅力无限（注：引用的一首诗）。

二、主线

主线：时间——从早到晚，从过去到现在再到未来。

辅线1：年龄、成长

幼儿园——中学生（校园）——年轻白领（职场）——中老年人（生活）。

辅线2：男孩

开篇是一个男孩面对泾水河眺望，最后男孩长成年轻人。

辅线3：银杏叶

千年银杏是街道的一大特色。一片叶子从地面飘起，然后飘向各个角落，最后又回到银杏树。

三、框架结构

开篇：历史展示

传达感觉：光影如歌，水陆繁华。

重点：黄浦江、泾水河、李氏民宅。

其他拍摄点：粮仓、码头、农业银行、清真寺、天主教堂。

说明：

河流，孕育了人类，也催生了繁荣的城市文明。

世界上每一条城市河流，都缓缓流淌着整个城市的风情和气韵，记载着城市文明的无尽繁华。

洋泾浜是洋泾街道的母亲河。先有洋泾浜，后有黄浦江。以洋泾浜为源头，衍生出古镇、老街和码头，也涌现出一代又一代风流人物（陆琛、沈寿昌等）。

自1875年设立"林成德号"开始，洋泾镇正式出现在历史舞台。后来几经变迁，演化成今天的洋泾街道，历史文脉源远流长。

1. 硬环境展示

传达感觉：吐故纳新，城市芳华。

重点：洋泾港、古银杏。

其他拍摄点：自然环境、建筑设施、两大公园、高档小区、地铁公交、体育馆、教堂、主干道路（杨高路、张杨路）等。

说明：

从历史景深中走出，洋泾街道焕发现代生机。洋泾港是洋泾浜的延续和发展，千年银杏见证着历史的过往，一脉相承，吐故纳新，一方热土，与现代接轨。以宏观的视角展示洋泾街道的现代规划，洗尽铅华，一展芳华。

2. 经济展示

传达感觉：宜商宜业，时代光华。

重点：航运。

其他拍摄点：浦东标志性建筑、上海船级社、船研所、证券、银行、商业配套（易初莲花及星巴克等）、建筑大楼、4S店、人才交流中心、酒店等。

说明：

不同于一般商业，洋泾街道最具鲜明特色的符号便是以航运为特色的总部经济。今天的航运也不是一般意义上的航运，而是集聚研发、运作智慧、掌握核心的软航运。

穿梭于总部经济的白领们，踏着时代的节奏，流连于各大时尚场所，或商务，或生活，构成了时间与空间的交响曲。

人气与商气集聚，时尚与潮流共呼吸，让洋泾街道诠释着与时俱进的发展内涵。

3. 文化展示

传达感觉：书香浸染，人文菁华。

重点：优质教育资源、绒绣、江南丝竹。

其他拍摄点：幼儿园、城市少年宫、终身教育学校、图书馆、文体特色团队、龙舟赛、其他群众活动。

说明：

这里不仅有丰富的经济资源，更有丰富的文化资源。

这里囊括了学习教育、文化科普、体育、非遗、团队等内容。

这一切孕育的是精神财富，也构成了洋泾街道的另一种表情。

透过这种表情,让人们觉得,幸福,不是一时的状态,而是一辈子的感受。

孩子们的成长轨迹留下时光的痕迹,非遗也体现着时光的痕迹。

有家有爱,有趣有味。

溜走的是时光,沉淀的是幸福。

这一切都落在"人"上,城市为之动容。

4. 服务展示

传达感觉:为民服务,质朴无华。

重点:长者之家、网络化平台。

其他拍摄点:社区生活(菜场、医院等)、大篷车、服务网(含热线 24 小时)、百岁老人、中心物业、派出所、社区受理中心、党建服务中心。

说明:

幸福的质感,来自背后的支撑和保障。

洋泾街道补齐城市发展的短板,通过生活服务、平安服务、政务服务等内容,构建出一个快捷、实效、细致、周到的系统。

在这里,人们对于一个理想居住环境的需求得到多方面的呼应和支撑。

在这里,走近才能读懂,这是属于洋泾人的幸福港湾。

5. 活力展示

传达感觉:活力更新,自成风华。

重点:891 公益坊。

其他拍摄点:诚信办、诚信洋泾人、居民自治(QQ 议事群、微信群、民主选举)、志愿者、社区共治、部队共建、各个居委会(整新、APP、志愿者)。

说明:

891 公益坊是洋泾街道区别其他街道的一道璀璨风景线。

如果说洋泾街道是一个生命体,那么 891 公益坊则是最重要的一脉。

在这样一个生命体中,38 个居委会就是活力细胞。

每个细胞都通过别样的活力来展示街道的精彩,传递幸福正能量。

片尾：与开头呼应

从早到晚，再从晚到早，新的一天，新的开始。

回到原点，回到水。

水孕育了文明，又再次丰富了想象。

魅力洋泾，生生不息。

四、脚本思路

洋泾街道 LOGO，一滴墨落下，晕染，幻化开。

（字幕：早在 1403 年黄浦江形成以前，洋泾浜河道便已经形成。）

东方泛白，汽笛声响，黄浦江上，货轮划开历史的封面。

（航拍）黄浦江延伸到泾水河。

一个男孩站在岸边，向远处眺望。

沿泾水河，两岸房屋地貌穿梭，洋泾街道开始苏醒。

（叠画）洋泾镇——洋泾街道建制的变迁。

粮仓、码头、农业银行等不断浮现。朝阳在屋顶上升起。

（叠画）陆琛、沈寿昌等风流人物。

清真寺、傅家天主教堂默默静立，诉说历史。

李氏民宅。回字形的庭院、红墙、石窟门建筑。光影在古老的窗子上游移，屋檐的一角、古朴的墙饰、年代久远的生活用品，留下时间的痕迹。竹林摇曳，风吹动着案几上的古书卷，书页翻动，一枚夹着的银杏叶开始飘起。

出标题：泾水长流，魅力无限

1. 吐故纳新，城市芳华

飘起的银杏叶，牵引视线移动，光线开始明亮。

洋泾港守望着一方水土，见证着一切。

微微摇摆的小草上滑落着露珠。

（仰拍）古老沧桑的银杏树，粗壮枝干、斑驳纹理讲述着久远的故事。光线不断透过叶片射下来。

（通过树干转场）公园跑道上，几个年轻人晨跑，伴随节奏，整个画面变得更加清新明快。

李氏民宅，晨起的老人们穿着统一的白色大褂有节奏地打着太极，手脚缓缓移动。

地铁公交，忙碌的人群、川流不息的车辆（延时摄影）。

几条主干道不断向前延伸。复古别墅群与林荫大道交相辉映，大景展示别墅区的外观。

斑马线上，秩序井然的人们等着绿灯亮起。

幼儿园外，背着书包的孩子们跟妈妈说再见。

老年人买菜。

提着公文包，看着手表的商务男士。

花店店员将鲜花摆放在门口，迎接新的一天。

博山路公交车到站，接送着南来北往的人群。

志愿者忙碌的身影。

（航拍）建筑设施（宏伟大气的体育馆、安静肃穆的教堂等）大景展示。

自然与人文交汇，绿色与繁华共融的画面一一呈现。

2. 宜商宜业，时代光华

码头上，一起一伏的集装箱。

浦东标志性建筑扫过：东方明珠、环球金融中心、金茂大厦。

上海船级社、船研所。年轻白领，一身西装，不停穿梭着。

办公室工作照片，电脑上出现轮船的模型图。

证券、银行、建筑大楼等一一扫过。

4S店，穿着一身制服的员工们迎来新的一天，微笑致意。

人才交流中心（延时摄影）。

星巴克（或其他咖啡馆），有的白领在手提电脑上时不时敲打着。有的翻看着杂志，杂志上的美食映入眼帘。

(通过美食转场)餐厅,各种琳琅满目的美食。一道美食跟着镜头移动到餐桌,中外友人举杯畅饮。

星级酒店,旋转门。穿着海军服的白领拖着行李,正办着入住手续。

3. 书香浸染,人文菁华

图书馆少儿绘本区,亲子阅读。

孩子在妈妈的带领下来到幼儿园,同年轻的妈妈说再见。

一群孩子跟着老师做着游戏。

少年宫,孩子们在老师指导下弹着钢琴。孩子们奔跑着出来,镜头摇向天空。

建平中学:交响乐队。

篮球从天空落下来。球场上的对抗赛,过渡到学校。

外国语学校,整齐着装的学生们在外教带领下,争先恐后地回答问题。

不同肤色的人一起剪纸,最后剪出一个苹果。

(转场)草坪上的金苹果,过渡到中学。

漂亮的中学,朗朗的读书声不断传来。老师在黑板上书写着。

(通过翻书本转场)社区图书馆,人们安静地看着书,室内各种完善的设施展示,自助借书设备、一排排整齐的书架,有人从书架上取书下来。

(通过取书动作转场)终身教育学校,老年人陶醉地弹着钢琴。

体育馆,各种运动爱好者的身影。

文体特色团队,点燃了整个气氛。

龙舟赛更是热火朝天。

绒绣工艺活灵活现,江南丝竹声声入耳。

4. 为民服务,质朴无华

社区配套扫描:联华超市大卖场。

理发店,一名不情愿的男孩围着围布坐在那里。年轻妈妈和理发师耐心地哄着他理发。

老人们有的悠闲地提着鸟笼,有的剪着花草,有的拿着老茶壶优哉地品着茶,茶气袅袅上升。

门口,保安帮老头老太太拿东西。

年轻小两口轻松点击着自动卖菜机,新鲜蔬菜配送进小区的画面。

长者之家,老人们被悉心照顾,喝着暖粥。

社区受理中心、大篷车等各种便利设施。派出所,公安交警的身影。

街道各个角落,镜头不断推远,聚焦在一台台监控器上。网络化平台,人们盯着眼前的一举一动。

5. 活力更新,自成风华

各种公益组织(慈善超市、范本良公益红娘工作室等)、各种公益活动。

不同道路,不同站点,活跃着志愿者的身影,指挥车辆,搀扶老人。

各个居委会有特色活动:QQ议事群、微信群、民主选举、百姓畅言堂、整新、APP、志愿者……展现别样精彩。

公立医院,穿着马甲的志愿者教人们使用自动挂号机,一位年轻护士推着轮椅上的病人。

孩子们背着书包欢天喜地投入妈妈的怀抱。

教师、志愿者、普通党员、个体户等一系列诚信洋泾人物真诚的笑脸汇聚。

片尾

夜景:霓虹初上,灯光层层亮起,车流、游船不断穿梭。

街道另一番景象:万科楼盘夜景,展示未来蓝图。

汽笛声响,画面再次过渡到早晨。

回到原点,回到泾水河。

(同开头呼应)男孩长成了年轻人,站在泾水河岸边。

字幕:传承有脉,有你更精彩。

LOGO落幅。

分析：

在跟客户沟通时，创作人员经常抱有侥幸心理，以为只要迁就客户，就万事大吉了。其实不然，当客户没有从宣传文案中看到自己的核心价值、核心亮点时，就会不停地纠结、打磨，从而造成时间成本的上升。所以我们一直强调"唯一"性。只有充分挖掘出客户独特的亮点，而不是人云亦云，才能引起客户共鸣。同时，对于政府机构而言，不但要有看点，还要保持内容的完整性，整个视频方案才能真正落地。

案例截图：

路演宣传片

路演像极了《中国好声音》：选手们使出浑身解数在舞台上展示自我，为的就是赢得梦想导师的一个转身。

狭义的路演是实现创业者与投资人零距离对话、平等交流的一种重要方式，可以促进创业者和投资人的充分沟通和深入了解，最终推动项目的融资进程。

广义的路演还包括创业、招商、招聘、IPO启动以及任何一对多的对接、分享、展示呈现等。

一直以来，路演大多采用PPT的形式进行讲解，但仍然不够直观和生动，而路演短视频通过音画旁白的结合，往往起到事半功倍的效果，如果再结合PPT，那传达的信息量将更加丰富。

（1）关于路演内容。

路演内容就是商业计划书的内容。我们是谁？我们做什么？这个项目的价值是什么？我们的核心竞争力是什么？我们的商业模式及盈利模式是什么？有哪些媒体或品牌为我们背书？我们已经做了哪些东西？我们的团队、愿景、行业前景是什么？等等。

但很多时候，路演的时间限定在3分钟之内。因此，内容上要有所取舍，不能面面俱到。切忌像写文章一样长篇大论，要充分运用紧凑的影视语言来传达信息、感染受众。

（2）如何通过文案策划来吸引人？

相信大家都听过这样一个故事：

有一位哲学家到一个建筑工地，问三位正在工作的工人："你们在干什么？"

第一位工人说:"我在赚钱养家。"

第二位工人说:"我在砌墙。"

第三位工人说:"我在建百年神殿。"

三个工人分别为不同目的工作:第一个为了谋生而工作,第二个为了尽责而工作,第三个则为理想而工作。

三个工人格局不同,最后得到的结果也就不同。

而路演无非就是:讲故事、谈梦想、给希望。

对于创业者来说,路演的项目就像自己的孩子,从孕育到十月怀胎、分娩,创业者对项目付出了难以想象的情感,这种对项目的情感更容易打动投资者。正如投资领域比较流行的一种说法:"第一轮的天使融资,投资者最看重的是创始人,而不是商业模式。"

因此,通过文案把这种背后的情感真实地呈现出来,将很容易俘获投资者的心。

目前,路演短视频的拍摄手法大都采用人物口述+产品展示的形式。当然,企业要结合自身实际,除了以上形式,还有更多表现形式。

万聚渔业:世界上有很多种美味,却只有一种鲜活

这是甘肃一个养鱼的客户。有一天,这个企业想在他们的资本圈子里路演并进行融资。规定的时间是三分钟,所以就做了下面的微视频。不出所料,现场效果非常棒,当他们展示完视频,并准备讲解PPT作为补充时,在座的投资人表示没有必要再做补充,因为视频已经很完整清晰地传达了他们想要的内容。最后,该企业如愿以偿,获得融资。

我们先看下文案:

真有这样一个地方吗?

鱼类中的"软黄金"在此安家落户。

真有这样一个地方吗?

鱼类中的"活化石"随处可见。

(中国唯一的白斑狗鱼全人工繁育基地)

(西北最大的亚冷水鱼繁养基地)

(极品史氏鲟养殖)

心存天地,万物有源,

丝路重镇——酒泉,

一个科技资源型企业开启一个鲜活时代。

你看见祁连山的美,我们看见水质的天然;

你看见水面的浩瀚,我们看见水底的丰饶;

(20万亩水库)

你看见鱼类的珍稀,我们看见繁育的珍贵。

(第一个实现了亚冷水鱼在高原盐碱水域的养殖)

世界上不缺养殖,只缺对养殖的专注。

因为这份专注,我们从注册资本60万发展到资产评估6个亿的企业集团,

资产放大1000倍。

也因为这份专注,我们完成了三家企业的挂牌上市。

(从2002年到今天,发展速度曲线图)

(酒泉万聚、金塔万聚、嘉峪关万聚在甘肃省股权交易中心挂牌上市)

你也许看得见数字和速度,看不见背后的专业和态度;

也许看得见智慧成果,看不见背后的锲而不舍。

(中国水产科学院基地)

(荣誉成果)

(累计荣获国家、省、市科技奖项30多个)

盛名之下,我们更在乎与环境的默契,与生态文明、和谐社会的融合。

我们提供的不只是鲜活的鱼类，更是中国人健康生活的梦想。

（举办的各种活动素材）

用我们的产品，让人们生活得更健康、更幸福。

用健脑护心的优化蛋白健康你，成就我，造福社会！

世界上有很多第一，却只有一种唯一。

未来3年内，我们将围绕"渔产业"，大做"水文章"，新建以休闲度假为主题的"鸳鸯湖水上公园"项目、以科普教育为主题的嘉峪关"长城水族文化宫"项目、以亚冷水鱼养殖为主题的疏勒河流域"工厂化渔业科技园"项目。全部项目建成，将彻底改变西部缺水少鱼的现状，极大地缩短东西部差距，年销售收入将达到3亿元以上。

世界上有很多种美味，却只有一种鲜活。

（特效字幕：西北独家、生态农业、循环经济、缩小东西差距，年产值将达3亿元以上，从西部走向全国）

为鲜活而生，我们奉献的不只是现在。

万聚渔业（特效字幕不断汇聚，形成LOGO）

分析：

首先，我们给客户提炼了一个概念——鲜活时代。

其次，对一个短视频来讲，开篇非常重要，一定要吸引大家的注意力。传统的形式往往先介绍企业的区位，而我们一开始则采用神秘悬念的表现手法，通过问句的形式直接展示鱼类的差异性，这样就避免了老套。

接下来就是带出这个企业，展示企业的实力。这里面会涉及很多数字。但这数字，如果用旁白说出来，一是占时间很长，二是大家对数字没什么具体概念。所以，我们就采用了字幕的形式。同时，配上一些很大气、很好看的画面。

然后，短视频的后半部分一定要放大格局。比如说，我们提供的不只是鲜活的鱼类，更是中国人健康生活的梦想。当然，未来发展的愿景蓝图都要在后半部分进行展示。

结尾一般与开头做呼应，再次强调主题，这样就形成了一个圆，一气呵成。

其他注意事项：

（1）互补性。画面＋旁白＋字幕，要形成很好的互补，很多干巴巴的数字有时用字幕表示会更好。这样，虽然只有三分钟时间，但信息量其实很大。

（2）众所周知的事实尽量少说。很多人一开始就用大量笔墨描述当前的现状，比如环境污染问题，其实，众所周知的事实说多了，会让听众味同嚼蜡。

（3）节奏。旁白可以适当用些排比句，有时需要并列关系，有时需要递进关系。

酒泉信息港：昔日丝路重镇，缘何大放异彩？

很多项目前期只是一个概念，看不见摸不着，如果通过人物口述的方式，永远也讲不清楚。而影视的魅力则是调用音、视、画等多种手段，化抽象为生动，把未来呈现在眼前。

酒泉信息港是一个极具战略高度的项目，做宣传片的主要难点有以下几点：

(1)概念孕育期，需要把抽象的商业模式有层次、有条理地说清楚；
(2)信息量庞杂，且跨越时空；
(3)需要具有全球视角和政治高度；
(4)体现出项目划时代的里程碑意义。

这样一个复杂的项目，可以通过大量的平面语言进行阐述，但影视语言则受到时间限制，视频需要统筹规划，语言需要高度浓缩。

文案如下：

(开篇画面：漫无边际的沙漠，人类艰难地跋涉、探索，寻找绿洲)
【时间轴：1487年，好望角的发现，引发欧洲乃至世界工业革命】
【时间轴：1939年，世界第一台电子计算机的问世，催生了互联网产业】

这是一个经济乱象的时代，沿袭与探索交织；
这更是一个跨界整合的时代，颠覆与变革当道。
今天，当经济舞台的追灯再次定格酒泉，一个划时代的创举正拨动着创业者的心弦！

这是一次古老与年轻的对话，更是一次新经济的激活与创新。
大变革、大数据、大发展、大融合，酒泉顺时应势，一座宏伟的现代电商交易城市,即将拔地而起!

酒泉国际物流信息港,实现上游整合,下游盘活,再塑"西北渔王"新形象,创建绿色、有机、环保"大农业"新品牌。围绕"一带一路"倡议,撬动生态链条,解决产能过剩和农副产品"最后一公里"民生难题。

项目发起方甘肃万聚集团,拥有雄厚经济实力和广泛社会基础,不但与央企龙头中水渔业携手缔结战略合作协议,还是欧洲中小企业商业联盟的一员。同时,更是"一带一路"链条重点扶持和发展企业,从而赢来一批卓越的忠实客户。动议初期,得到政府、金融企业、军区、阿里物流的频频关注,一系列重大部署即将落户……

【字幕:20万亩水域、国家级科研机构和国家专利、三家上市公司、中国人保承保】

【字幕:兰州军区、酒钢集团、酒泉卫星基地、玉门油矿】

【字幕:亚马逊拟建立培训中心,中水渔业陆上冷链物流】

历经沧桑,洗尽铅华,昔日丝路重镇,缘何大放异彩?

(政治的必要性)酒泉,自古就是兵备要塞。历史使命,责无旁贷,使酒泉成为反恐的前沿和"桥头堡",战略地位举足轻重。

(经济的迫切性)中央的"一带一路"倡议,意在贯通东西,实现产能、资本的输出。酒泉,将成为亚欧大陆东西方向最为便捷的通道和咽喉。

(文化的传承性)敦煌艺术的故乡、航天科技的摇篮、石油工业和核工业的发祥地、丝路文明的起点,讲不完的故事,将赋予它无穷的魅力。

资本市场,拼的就是实力。资本,从何而来?

方案一,借壳上市。通过上市公司重组,实现"弯道超车",在A股市场募集资金3~4亿元。

方案二,境外买壳,异地上市。通过在英国上市,吸引境外资金投资、参股。

方案三，风投基金。

方案四，卖预期，以免费电子商城，吸纳民间资本。

然而，这一切的一切仅仅是我们资本运作的一部分。

我们还将站在更高的高度，抢占先机，通过大合作的模式，下一盘资源整合的大棋。

今天，我们通过斯里兰卡华人总商会和其政府建立良好互动关系，拟买下斯里兰卡最大海湾puttalam（扑达拿）。斯里兰卡是"一带一路"倡议中的重要一环，在政治上辐射周边，在经济上与中国优势互补。目前，是我国重点投资热土。

【画面：全亚洲最大码头、机场、医院、高速公路、水电等】

2014年，习近平率团访问斯里兰卡，揭开战略合作新篇章。克拉运河的开凿，更起到重要的战略意义。

更牵动人心的是，以斯里兰卡和酒泉为链接，一个集资本运作、资源整合、物流、信息于一体的商圈正在形成。每个区域都发挥各自的战略优势，互为补充，相辅相成。越来越多企业的加入，将为酒泉信息港提供源源不断的动力。

【斯里兰卡国际渔港→→马来西亚热带渔港→→海南鱼苗中心→→深圳资本→→舟山渔港→→上海杭州物流发货→→酒泉（丝路经济文化带、矿藏、鱼、农副产品、结算系统）】

这是一片炙手可热的绿洲。如果说，20世纪90年代初期被视作一个易货业腾飞的阶段，那么，21世纪将是中国易货经济增长的黄金时期。

【字幕：据国际互换贸易协会IRTA预测，在未来5年内，易货公司的客户数量将翻一番，5年后在此基础上再翻一番——平均年增长率达15%】

地球村正在形成，谁能洞悉未来，谁就将影响世界！

【特效字幕：数据构筑商业，流量改写未来。"一带一路"，新经济，新思维，大变革、大数据、大发展、大融合，跨界整合，强大管道，几何倍增，王牌阵营，模式制

胜,价值再造,线上线下,利益捆绑,商机引爆,石破天惊,酒泉崛起】

酒泉,我们期盼着……

分析:

开篇很重要。我们充分利用史实,把信息港想象成新大陆。然后通过好望角和第一台计算机的诞生进行衬托。

布局很关键。信息港的诞生会涉及很多因素,政治、经济、文化、资本、国际、地缘、易货贸易等。为了更加清晰地说明问题,我们把政治、经济、文化归到一个板块,把资本和"一带一路"作为重点,各成一个板块。并且采用递进的叙述方式,环环相扣,让表达更清晰、更立体。

结尾要有想象力,通过具有画面感的文字再现未来。需要表达的关键词非常多,但无论说哪一个都会以偏概全。既然言之不尽,那就什么都不用说,一切交给画面。

尚泽医美梦想篇：一伙人，一份事业，一辈子

如果你在某个行业工作十年、二十年，甚至更久，突然某一天有人问道：什么样的动力让你如此不离不弃？你最热爱什么？是产品还是人？诚然，产品是根本，但与产品有关的人或许更值得你不遗余力。

这次的客户是来自济南的尚泽医美，公司从事的医美行业，正处于快速发展期，需要在招商大会上放映两条片子，一是招商篇，一是梦想篇。

海明威说过，世界很美好，值得我们为之奋斗。为了让成就他人的平台感召更多伙伴的加入，梦想篇更可以理解成吸纳人才的梦想秀路演。

（注：本创意程换亦有贡献。）

文案如下：

世界上有没有一个地方，既能创造财富，又能收获事业？
世界上有没有一份事业，既拥有美丽，又值得尊重？

优雅知性、美丽快乐、逆转时光、青春不老。
一伙人，一份事业，一辈子……

没错，这是一个事业的摇篮，一个美丽的梦工厂。
她就是尚泽医美。

生命的伟大在于心中有梦。尚泽医美自问世以来，便承载着"研究美、传播美、塑造美"的企业使命，专注于纹绣整形事业，致力于纹绣整形艺术人才的培养。迄今为止，已经有上万人在这里完成了美丽的蜕变，上千人从这里走向了人生的辉煌。

目前，品牌已形成了一套以纹绣整形美容服务为主，纹绣美容技术培训、连

锁店运营管理、纹饰美容产品销售为辅的整体运营机制。旗下汇集多名国内外纹绣整形行业专家,打造出一支手法精湛、理念前卫,拥有国际化视野的精英团队。

13年精心耕耘,尚泽医美不断用数字刷新纪录,开启了一段波澜壮阔的美丽征程。

除此之外,尚泽医美更通过精雕细琢的笔法和"成人之美"的善心,写就了一段段美丽的童话,成就了一出出恢宏的励志传奇。

你不一定一夜暴富,但可以白手起家。

你不一定拥有高学历,却仍可以拥抱明天。

在追梦的路上,起点永远不重要。

与有梦的人一起,你会激发梦想;

与优秀的人为伍,你会变得优秀。

在梦想的吸引下,无数女性做出了同一个选择,并在短短的时间内成了父母、亲人的骄傲,甚至家族的荣耀,而一切的一切,都来自同一个名字:尚泽医美。

生命的蜕变在于真正决定!拥有一份比金钱更美丽的事业,相信你就是下一位美丽的天使!

分析:

该篇通过设问的形式简洁而精练地带出主题,带出品牌。

接着围绕"梦想",讲述品牌的使命及发展过程,展示实力。

最后通过榜样的力量,感召更多的人加入公司,一起实现梦想。

新产品上市（众筹）

说起新产品上市，最能吊足大家胃口的莫过于苹果手机了。

从4到5，从5到6，再从6到7、8、X，各种话题做铺垫，新闻造势层出不穷。作为趋势型的产品，一代又一代新产品的出现是为了占领未来市场，吸引未来的消费者，所以会有一个记忆的连续，有一个销售惯性的连续。在产品上市后，为消费者呈现产品的故事。

而对于大多数成长型的企业，新产品上市就没有那么多花样了，相对会更接地气一些，大部分通过线上线下招商，有的则通过众筹。

众筹，是时下比较流行的形式。过去，群众通过募资的形式来支持各种活动，比如艺术创作、科学发明、公共活动等，也不知从什么时候，众筹演化成了卖产品。

今天的产品早已不只是满足功能需求，更是反映人性，是科技与人文交融的产物。

可以说，无论什么形式的新产品上市，其购买行为的背后都有一个巨大的梦想。

换句话说，消费者买的不是你的产品，而是他的梦想的实现。

比如，一家儿童教育培训机构，你如果对家长说这是一家开发孩子潜能的培训机构，家长可能表示看不懂。换个角度思考，潜能开发其实只是一个手段，它能给孩子带来什么梦想？如果你说这是一家金牌小状元俱乐部，那感觉就不同了。

短视频也一样，如果文案聚焦在产品本身的性能特点上，视频就变成了一本说明书，毫无吸引力。如果文案聚焦在客户的梦想上，那就有了质的升华。

比如早期小米手机文案《一块钢材的艺术之旅》，有了这样一个有人情味的主题,马上就有了不一样的意味。

再比如我们的一个做 3D 打印机的客户,当时,3D 打印机也是一个比较新的概念,非常有热度,于是他们想拿出一款比较亲民的产品在京东进行众筹,并想做一条视频,全面展示该产品的各种性能。

整个产品的拍摄制作过程相对传统,虽然从材质到工艺再到各个细节,都已经展示得非常详尽,但总是感觉少了点什么。

后来,经过不断沟通,我们加了一句标题 *A boy's dream*,让视频中本来毫不相关的男孩和设计师产生了关联,通过剪辑引导人们把设计师想象成长大后的男孩,于是,整部视频就有了人味,有了故事性。

再后来,听客户说,该视频上线一周就赢来很多关注,并在短时间内超额完成众筹目标。

现实中,很多简洁明快的产品视频是不需要旁白的,但如果画面不足以表现产品的内涵,就需要借助文案的力量了。

既然要讲故事、谈梦想,那么我们应该按照什么样的逻辑去讲? 有没有一个百试不爽的文案结构呢?

笔者曾在《商业宣传片私作品:文案、创意、策划》中探讨过宗教式逻辑结构,这里再重述一下,宗教式结构是这样的:

诱因——用一个令人震惊的声明或故事来吸引消费者的注意力;

问题——把焦点扩散,将消费者正待解决的问题列举出来;

解决——提供解决方案,摆出产品,陈述卖点;

利益——陈述实施这些解决方案的好处、价值体验、多方见证;

号召——行动起来,让更多人来体验。

在进行创作时,可以在此结构基础上,灵活变形和运用。

万聚掌汇一体机：让移动支付更自由

一、目的

赢得消费者的好感，打消他们的疑虑，并引起他们的购买兴趣。

二、受众

商务群体、企业主。

三、创作理念

消费者不仅关注产品功能，还关注产品带给他们的利益。短视频应该通过利益来激发他们潜在的购买欲。

因此，本视频将突破功能介绍的局限，站在消费者的角度，侧重展示一体机能给他们带来哪些好处，并把这些好处非常清晰地描述出来，让消费者通过这些好处看到他们梦想实现（财富自由）的画面。只有画面清晰，才能引起消费者的兴趣。

在卖点上，我们将产品区别于传统POS机，强化三合一的方便和安全，让人觉得我们的产品更加人性化。

在语言风格上，避免千篇一律的陈词滥调，避免灌输式的教条，而是用他们的语言跟他们对话，如同讲故事般娓娓道来。

另外，一般观众在看宣传片时是漫不经心的，而且是利用碎片时间进行观看。因此，宣传片要着力打造一种现场感，让观众有一种身临其境的感觉，而不要花费过多心思去琢磨研究字眼。

四、风格调性

短视频的风格应该更有人情味，而非冷冰冰地自说自话，应该充满诚意而非夸夸其谈。

五、逻辑思路

诱因——追求"财富自由"的最大成本：时间；

问题——很多人遇到的时间问题；

解决——通过跟传统方式对比，引出万聚掌汇一体机；

利益——万聚掌汇一体机带给人们的好处；

号召——让更多人使用该产品。

六、角色

视频设计一位男主角作为主线，其他配角作为辅线。

该男主角35～40岁，成熟稳重。穿梭于生意伙伴与客户之间，经常忙于支付和结算，通过万聚掌汇一体机，他不受时间和空间限制，移动支付更自由，因而在生意往来上更加高效。使用万聚掌汇一体机已经成了他的生活方式，并在生意往来中赚足了面子。

我们希望观众能在男主角身上找到自己的影子，从而引发共鸣。

七、文案思路

如果有人问：

在追求财富自由的道路上，什么成本最高？

选择也许很多，但答案只有一个：

时间。

移动支付时代，

你不必顶着炎炎烈日跑银行；

不必在ATM机前排着长队；

更不必因拿着笨重的POS机而难堪；

你要做的只是拥有一部万聚掌汇一体机。

想象一下,你的口袋里装着一个聪明的随身助手。

签完合同,客户可以直接刷卡付款,即时到账,客户承诺立马兑现,再也不用担心夜长梦多。

(单笔可刷50万)

甚至任何时候,只要你愿意,都可以进行转账和信用卡付款,实时到账,日常工作从此变得不寻常。

再想象一下,你的口袋里装着一个尽职尽责的随身管家。

各种烦琐的缴费、各种紧急的催款轻松应对。忙而不乱,你可以腾出更多时间做最重要的事情。

(水、电、煤气缴费、订机票等)

也许,你会有所顾虑,移动支付是否安全?

那么,再想象一下,你的口袋里装着一个随身专家。

银联监管,实名认证,软硬件双重加密,后台数据严密审核。哪怕大额支付也不怕。

一机一密,不加载第三方非认证软件,任何黑客都无法攻击。

因为安全保障,才能让产品得以持续创新,才能为你带来更为卓越的体验。

(四代产品演绎,重点展示三代和四代)

当然,别忘了,它还是一部手机。

无论外观设计,还是软硬件配置,都能满足你对通信更为苛刻的需求。

(1300万像素等)

真正的财富,不是对金钱的追逐,而是对时间的自由掌控。

将 ATM 机、POS 机、手机合而为一，
未来，一站式支付将成为生活中的一部分。
把更多时间优先支付给自己，
才能遇见更好的自己。

如果有人问：
你想放弃时间，
还是放弃观念？

（声音立马静下来，画面上一张信用卡轻轻一刷，表明做出了正确选择）

这就是最好的答案。
万聚掌汇，让移动支付更自由。

案例截图：

弘和安防科技宣传片：开车门也是一种责任

这是笔者早期创作的关于汽车安防产品即将上市的宣传片。

当时客户已经凭借发明专利研发出了产品，虽然外形设计还没有完全确定，但"主动安全"的理念和产品的三大卖点已经很清晰。作为一款还没上市的，消费者没有清晰概念的产品，需要在该片中通过场景化的体验激发消费者潜在的梦想，那就是用了该产品后如同拥有一个安全管家，可以畅享驾乘，无后顾之忧。

同时，鉴于该产品的推广渠道，客户更希望拿给政府部门看，从而引起政府对开车门安全的重视。因此，该片不仅展示产品的功能，更上升到一种责任和安全文明的高度。

在表现形式上，文案针对三大卖点，分别设计了三组场景，由不同的演员进行演绎，增强代入感。

在逻辑思路上，我们同样按照宗教式结构：

诱因——被动安全时代，开车门事故不断。

问题——开车门与电动车相撞；车内财物丢失；忘记拔钥匙。

解决——集三重功能于一体，弘和安防产品问世。

利益——产品带来的三大好处。

号召——将安全意识化为自觉行动。

段落	画面概述	旁白
(1)	【黑场字幕】创造美好生活需要几十年的努力，毁掉它只需要几秒钟。	
(2)	(灰色处理)城市大景，快速交通，红绿灯，各种车辆。 各种"开车门"事件头条赫然入目。 (一张张报纸和图片叠加，触目惊心的红色字体放大特效处理)	在一个"被"安全的时代， 即便牢记安全驾驶的每一个条例， 突发事件仍然让人措手不及。 开车门，一个生活中再简单不过的动作， 从来没有像今天这样受到关注。

续表

段落	画面概述	旁白
（3）	在车流量大的路边。 一辆汽车正停在路旁。 车内，商务男子A与副驾驶座乘客对话场景。 一辆行驶的电动车由远及近。 （在车中男子A与电动车车主B之间不停地切换镜头） 这时，A边说话，边打开车门，瞬间，重复慢镜特写。 打开的车门与B相撞，B倒地。A走出车，不知所措。 【字幕：全国每年发生的开车门事故约3万～5万起】	风险就在你我身边， 开车门所引发的连锁事故，不断刺痛大众神经，这是对安全意识缺失的另一种考量。 一系列悲剧告诉我们：开车门，也是一种责任。
（4）	镜头快速穿过建筑群，在城市另一个地方，一女子从商场走出，奔向自己的车辆，打开车门，吃惊地发现座位上散乱的文件。 闪现回忆镜头：该女子将文件与手提电脑整齐地放在一起。不远处，有朦胧的人影，在向她的车发送干扰信号。	生活中有太多始料不及的风险，犯罪分子遥控干扰锁车门，让有车一族防不胜防，人们丢失的不仅有财物，还有内心的安全感。
（5）	镜头快速穿过建筑群，在城市另一个地方，一名商务男子摸不到钥匙，焦急万分，却隔着玻璃窗发现钥匙正插在锁孔里面。	现实中，随着工作压力的加大，人们变得容易遗忘，让煎熬的心情再次升级。
（6）	特效制作： 产品研发展示：体现技术科技，提高产品附加值。	改变源于觉醒。 随着时代的呼唤，集三重功能于一体的弘和安防产品横空出世。
（7）	镜头通过车门快速推进，虚拟空间。 研发人员手不断移动着，防开车门事故、防干扰锁车门、防钥匙锁车内三大板块在不断游移。 产品3D展示：	多项自主专利，产品各项指标成熟，并可以根据各种车型单独或配套使用。
（8）	一层又一层的零件动感地组装而成（数字指标层层罗列，多项专利技术动感显示），镜头推近，该产品安装在线条模型的车内，半透明旋转演示。 最后，车门通体线条与实体若隐若现，似乎有了灵感。 【字幕：首创车门主动安全理念】	有了它，人们畅享驾乘，再无后顾之忧。 有了它，人们进入一个主动安全的时代。

续表

段落	画面概述	旁白
(9)	时空轮回，前面的镜头一步一步快速倒回。 　　一辆行驶的电动车，正准备急速打开车门的车主，慢镜头多个视角切换（蒙太奇处理），双画面显示双方的运动画面，开车门瞬间，驾驶室内部展示。 　　接着，男子A打开车门时，双跳灯示警（特写）、延时开车门、车内视听警示三重功能保护画面并列展示，车主停止和副驾驶座乘客的谈话，等电动车开过之后，再打开车门。与电动车不再相撞，车主看着远去的电动车，摸了一下车门，微笑地点点头。 　　【字幕：提前示警，开门提前双跳示警技术、延时开车门技术】	选择弘和安防产品，就选择了信任与放心。 　　当打开车门时， 　　提前的车外双跳示警和车内的视听警示技术以及延时开车门技术， 　　让忙碌的人们如同有了细心的安全管家。
(10)	时空轮回，镜头快速倒回。 　　女子整理好文件和手提电脑，然后放在座位上，关上车门。 　　特效制作： 　　在车门锁到位的过程中显示虚拟线条的多重防护技术，分别展示：电子信号反馈、机械信号反馈、发送信号确认、确认信号反馈。区别于其他防干扰产品的模式。 　　特效制作： 　　透视效果，车辆接收到干扰信号，锁没到位，发出报警声音。 　　（干扰信号以后期技术表现） 　　女子停下脚步，返回车旁直到锁好才放心离开。开心地逛街购物，最后又回到车边，打开车门，手提电脑安然无恙。 　　女子开心地开车离开。 　　【字幕：采用智能的锁到位检测系统，防遥控信号干扰、屏蔽、解码，摆脱盗车技术升级换代的威胁】	当锁车门时，锁到位检测技术，杜绝外部干扰，让人们高枕无忧。

续表

段落	画面概述	旁白
（11）	时空轮回，镜头快速倒回。 中年商务男子关车门，准备离去的瞬间，听到视听警示。 后期制作：画面拍摄钥匙在钥匙孔内，并用特效提示标注。 该男子恍然大悟，回到车内，看到了钥匙孔上的钥匙，拔出钥匙，关上车门，点点头放心地离开。 【字幕：钥匙在/离位检测技术】	当离开车门时， 钥匙在/离位检测技术提醒您拿好钥匙。
（12）	三个人安全开车的特写展示。 （城市各种温馨写意素材） 三重保护的几种提醒声音回荡在城市各个角落。（同期声） 【字幕：提前 0.5 秒示警】 以上多组画面快速退去，最后都集中收纳在安防器里。 安防器以三维线条形式在门中若隐若现。 【字幕：三重保护，主动安全】	态度决定命运。 习惯左右人生。 将安全意识化为自觉行动， 安全文明，就在你我身边， 它离我们也许只有 0.5 秒的距离， 也许不到 1 个车门的宽度。 其实，安全文明，就在你我心中。

招商宣传片

常见的招商宣传片有两类：一是政府类招商；二是企业招商。

政府类招商又包括城市旅游招商和城市开发区（园区）招商。

城市旅游招商宣传片的视角更为开阔，需要站在一定的高度，挖掘出一个有差异化的概念，然后根据具体情况，从自然、区位、历史、人文、创业、未来等多个角度，或者环境区位、产业特色、发展布局、服务配套、未来蓝图等层面进行展示。

城市开发区（园区）招商宣传片，往往围绕着宜业、宜居、宜文、宜商等方面，或亲商、安商、富商等角度进行展示。

对于企业而言，招商招天下，分钱分天下。从过去的一对一到今天的一对多，城市每天都上演着招商大戏。

过去，业务员喜欢登门拜访客户，但在这种场景下，业务员是弱者，一个弱者向强者兜售产品，可以说成功率很低。

但当客户离开他的主场，进入我们的主场，那么在心理上我们占了优势。从根本上讲，我们其实造了一个场，一个可控的能量场，一个势能迅速转化的能量场。

可见，会议招商的好处不言而喻。强者向弱者发出通知，换句话说，招商是一对多的销售。

对于招商宣传片，具体要讲什么内容，其实没有统一的标准。内容上跟前面的路演视频板块比较接近，有的侧重"起心动念"，有的侧重商业模式，有的侧重团队，最关键的是怎么讲好故事，主要把握以下几点：

● 在扬长避短中造势。

品牌往往在发展早期开始招商，各方面并不成熟和完善，这需要在内容上强化与竞争对手的差异点，从而说服受众。

● 在环环相扣中升华。

在叙事上,一方面要有条理、有层次地把内容说清楚,结构布局要有巧思;另一方面要打破受众认知,需要有一套缜密的逻辑,通过排比及递进等句式达到目的,一气呵成。

● 在鼓舞人心中号召。

招商片一方面带有明显的时代印记,节奏一般都比较明快;另一方面招商目的是希望更多受众能够参与进来,因此一定要通过感召式的文案营造一种机不可失的氛围。

宜兴经济技术开发区:一切面向未来,面向一切未来

笔者在《商业宣传片私作品:文案、创意、策划》中曾对杭州高新区招商片有过一些分析。这类视频很容易犯的错误就是一不小心拍成了城市宣传片。固然,开发区与城市密不可分,但开发区有其特有的属性。

对于投资者而言,开发区的产业定位和格局、创业氛围(有没有比较有实力的企业)、配套服务、居住环境等更值得关注。说白了,就是是否宜商、宜业、宜居,或者亲商、安商、富商。开发区宣传片应根据不同开发区的优势合理地梳理结构,再加上小创意,就能满足客户的要求。

在接触宜兴经济技术开发区之前,我们了解到该客户已经升级为国家级开发区。在全国,同等城市拥有国字号开发区的非常罕见。我们还了解到,客户之前做过两条宣传片,一条是企业家口述形式,一条是纯画面展示,无旁白,但融入了小故事。

为了区别于以上两条宣传片,我们希望该片能有更高的视野、更大气、更有未来感。

以下是初稿:

(注:本创意夏涛亦有贡献。)

预见·未来
——宜兴经济技术开发区宣传片

一把紫砂壶,让世界研读了500年;

一幅奔马图,让人们注目了70多年;

一座电缆城,奏响中国强音;

一个环保之乡,创造非凡奇迹。

梦想无法抵挡,

时代,远不止于想象,

遇见方可预见,这是你我的未来。

标题:预见·未来——宜兴经济技术开发区

1.起,一场与时代脉搏的呼应

——缘起。区位、时代背景、规划

一方热土成就一方经济圈,一方经济圈孕育无限智慧。

当智慧不断升级,当新型经济不断发展,一个国字号开发区正式拉开了序幕。

这是创业者们追逐的理想之地,更是新经济发展的引擎。

宜兴经济技术开发区以"智能化、绿色化、服务化、高端化"为方向,以"项目立区,产业强区,科创兴区"为发展战略,积极打造"具有国际竞争力的综合性工业园区"和"具有山水特色的现代化新城区"。一个千亿级产业强区正孕育形成。

2.聚,一场与产业格局的互动

——亲商。产业强区、入驻企业、公共平台

有形空间蕴藏着无限的能量。

作为产业强区的践行者,园区新能源、新材料、光电子等主导产业持续成长,高端动力机械、智能装备制造等先进制造业抢先布局,绿色食品饮料、生物医药等特色产业快速崛起,军民融合产业蓄势待发,新兴产业占比已提升至63%。今天,一个梯次分明、布局合理、结构优化和现代化的产业体系已初具规模。

产业稳步发展,平台保驾护航。

在这里,创业园、光电子产业园、科创慧谷、软件大厦、研发大厦、128创意园、投影产业园等一系列具有国际水准的功能性载体,承载希望,创新发展。

在这里,与中国电信联合打造的云计算中心加速产业升级,运作更安全更高效。

(字幕:华东地区县级市服务能力最强、技术设备最优的服务平台)

为提供智力支持和人才保障,产学研及公共服务平台集合国内外优质高校资源,汇聚海内外创业精英,成为园区生生不息的活力源泉。

让世界走进园区,让园区走向世界。园区开放包容的姿态赢得了国内外名企的青睐。以境外投资为核心的"走出去"战略,大大提升了企业影响力。良好互动下的对话让产业发展格外生动。

3. 栖,一场与人的对话

——安商。软实力:优化服务、宜居宜文

硬实力凸显产业兴区的力度,软实力彰显以人为本的态度。

在这里,园区发扬店小二精神,一站式行政审批,保姆式跟踪服务,做到企业服务"一条龙,一口清"。

在这里,六大融资渠道,"四位一体"的科技金融支撑体系,为企业输送资本的血液。

让研发走在前沿,让科研成果产业化,陶都英才工程让智慧得到放大。

加快项目落户、助推项目运营,一条龙服务解决燃眉之急,绿色通道解决后顾之忧。

激情涌动,风景如画。人们在灵动的空间诗意地栖息与工作,产业生态、人文生态、环境生态达到了和谐的统一。

4. 续,一场与未来的交响

——富商。成果、展望、愿景

从没有一种姿态如此豪迈,从没有一种脉动如此精彩。

一次次技术创新不断释放产业潜能,凝聚成累累硕果。

一批领衔制定国际标准的企业正实现着从中国制造到中国创造的跨越。

(特效字幕:××家企业参与制定国家行业标准;××件各类专利)

梦想的开始,有各自的版本。

梦想的延续,却在这里。

时间、空间、人。

一切面向未来,面向一切未来。

A口述:乘风破浪正当时。

B口述:加入我们,一起奋斗。

C口述:走向国际舞台。

D口述:这里需要你。

E口述:你,就是下一个未来。

一城一世界,一区一未来。

宜兴经济技术开发区

希之彦：顺其自然，方能成为必然

希之彦是美容业的一支新生力量，在跟我们接触之前，刚刚拍了一部视频，但总觉得没有感染力，不是她们想要的效果。

在分享之前，先看下该品牌之前的文字介绍：

本公司创立于2014年，总部位于杭州，在北京、上海、深圳均设有办事处，是一家集化妆品品牌运营、仓储、销售为一体的大型企业。作为亚太地区知名的化妆品代理商，希之彦旗下汇聚全球最优质的美容护肤品牌，负责独家代理品牌的品牌管理、宣传推广及分销工作。

服务宗旨：

公司以互联网及移动商务平台为发展核心，采用团队合作的销售模式，以专业化运作、品牌化服务为消费者提供经过正品授权的美妆产品，帮助女性获得美丽容颜与自信从容的生活态度。公司现已与多个国际化妆品集团公司达成战略合作，独家代理来自法国、韩国等多个国家的顶级品牌，致力于实践"包罗世界之美"的企业口号，将国际品质的美丽体验带给每一个中国消费者。

公司旗下拥有"温特女神""优惠丽"两大品牌，其中温特女神主营高档护肤品，产品原料来自以环保著称的国度瑞典，品牌以肌底修护为主要诉求，倡导环保健康的护肤理念，产品以优秀的品质和深入人心的情感诉求方式，深受广大女性青睐。优惠丽为女性健康休闲食品品牌，主打产品为排毒美颜、纤体瘦身类健康食品，产品集保健食品的功效和休闲食品的美味于一身，开创了健康休闲食品养生新时代。

公司以"搭建理想事业平台，帮助合作伙伴实现创业梦想"为宗旨，设有"温特女神微商学院"，特聘国内知名营销大师、管理专家、时尚美容专家作为常年客座讲师，给予合作伙伴多方位、系统性的营销管理培训，服务代理创业，帮助代理做大做强，最终达到"实现代理个人梦想，让代理与公司共荣发展，携手共赢"的目标。

分析：

因为文案缺乏逻辑，所以整体很平淡，没有突出亮点。因为没有鼓动人心的句式，文字整体干巴巴的，所以几乎没有号召力。

在此基础上，我们重新进行了梳理，给出以下文案（注：本创意程换亦有贡献。）：

3 个月创造 5000 万！
一亮相便风生水起，
一推出便落地生花。
这是互联网颠覆的时代，
这更是超越想象的时代。

创造市场奇迹，从来不是偶然。
用虔诚之心做好产品，也从来不是一件简单的事情。
正如希之彦，从源头到终端，本身便是一场修行。

在时代的巨大惯性面前，
希之彦永远不会忘记回归产品本质。
这里汇聚全球优质的美容护肤品牌，产品原料国外进口，能深入肌底，迅速修复老化细胞，让年轻无懈可击。

在希之彦的世界，没有值与不值，只有爱与不爱。
因为洞悉身心灵之美，
希之彦相信：内外兼修，方是完美。
因为懂得把握市场节奏，
希之彦相信：顺其自然，方能成为必然。

没有永远的优势，只有永远的趋势。

在引领趋势的同时,希之彦更进入微商领域,

这里,无数女性实现了美的蜕变,

这里,无数女性又把美作为人生的事业。

这是用C2B思维进行的价值再造;

这是用O2O思维进行的跨界营销。

在希之彦看来,

成长比成功更重要。

从我到我们,

造神计划,让无数女性成为传播美丽的天使。

她们拥有令人羡慕的事业,享受愉悦快乐的生活之美,

她们又以爱的名义,将美丽事业的真谛,娓娓传承。

梦想何以触手可及?因为趋势决定未来。

生命何以精彩?因为你就是主角。

希之彦相信,唯时光与美不可辜负。

如果说,美是一种遇见,那么,在对的时间遇到对的机会,你与谁同行?

希之彦,为爱而美。

分析:

我们在原始素材的基础上,对整个架构进行了重新设计。

(1)现象。

(2)现象的背后,事业理念(起心动念)。

(3)在理念支持下,打造好产品。

(4)递进:不仅让女性变美,更是创业平台。

(5)结果:造神计划,已经让无数人成为神话。

(6)引领趋势。

(7)号召:您在哪?

然后运用一些激发能量的文字和句式进行过渡衔接,使全篇严丝合缝,环环相扣,取得满意的宣传效果。

案例截图:

活动(发布会)暖场视频

每天,城市里都会有无数个发布会在举行;每年,又有很多年会召开。把相关的人群聚在一起,如同一个个能量旋涡场。在这样的气氛当中,暖场视频必不可少。

不同于传统宣传片,这种视频有着强烈的主题性,必须与会场主题紧密吻合,成为整个系统当中重要的一环,要么为活动内容做铺垫,要么为会场氛围注入强心剂。这类视频风格上以大气磅礴、励志振奋类居多,能很好地起到教化人心的作用。

绿城"美好若杭州":一城一美好

2017年5月18日,绿城房产要举办名为"美好若杭州"的杭州新品发布会。

在现场领导讲话之前,希望有一段视频作为引子,来展示杭州的美好,并且巧妙植入绿城的影子。

看到这样的主题,90%的人会采用这样的句式:美好是一场不期而遇的相逢;美好是品质之城的精彩一刻;美好是……

但问题是:杭州美好的亮点有很多,如果以这样的方式将它们罗列在一起,就变成一盘散沙,平铺直叙的结果是没有张力。

为了解决这个问题,我们给出的文案变换了思路:

利用相反或相对的句式,围绕"美好"这一主题,从宏观到微观,从民生到经济,从历史到未来,简洁紧凑,张弛有度。

本片以一名女孩在杭州的所见所闻所感为视觉主线，配合解说词，有机地串联起各个美好碎片。（注：本创意孙勇亦有贡献。）

序号	画面	画面概述	解说词
（1）		黑场字幕	每个人对美好的定义都不同。
（2）		西湖、保俶山日出。 湖滨大道：女孩骑自行车展开。 西湖边：女孩拿着透明板望向断桥。 四桥川流不息。 滚滚钱塘潮。	可以精致和谐，可以大气开放。
（3）		斑马线上的礼让。 共享单车、阿里巴巴、创业园。	可以礼让为先，可以敢为人先。
（4）		西湖泛舟，油纸伞下的恬静女子。 市民中心，女孩停下自行车，拿着蓝色板望向大楼。 男保安，升旗。 重点：绿城英姿飒爽的女保安。	可以恬静淡雅，也可以巾帼不让须眉。

续表

序号	画面	画面概述	解　说　词
(5)		龙井茶园，女孩拿白色板望着茶园。 男士静静地品一杯龙井茶。 孩子们从茶园奔跑出来。 女孩喝咖啡或果汁，最后用支付宝轻轻一扫即刻结账。	可以慢， 可以快。
(6)		河坊街：女孩拿着红色板望着眼前琳琅满目的各种手工艺品。 或老街的市井生活：张小泉剪刀、扇子。 时尚女孩、高楼大厦。	可以简单质朴， 也可以华丽婉约。
(7)		游人，背包客。 动漫节狂欢，COSPLAY。	可以是一个人的节日， 更可以是一群人的嘉年华。
(8)		兴高采烈的外国人，或中外交流合作。 绿城业主生活。	可以很大，大到包容不同的民族文化； 可以很小，小到只是每个人的一个家。

续表

序号	画面	画面概述	解说词
(9)		绿城更多舒适或尊享生活。城市建筑群扫描。	可以与城市对话,可以与生活谈心。
(10)		绿城农业,育华学校,足球。	可以静,可以动。
(11)		海豚计划。红叶行动。	可以在海豚计划中传递欢声笑语,可以在红叶行动中彰显邻里和谐。
(12)		各种笑脸集锦。西湖时代的光影。钱塘江时代的炫目。女孩拿着黄色板望向大金球。G20素材、灯光秀。回到安静。	在这里,有老杭州人,也有新杭州人。可以往后看,看历史;也可以往前看,看未来。我们遇见的不只是时间,更是生活的况味。
(13)		黑场字幕	一城一美好。

案例截图：

浙江省四川商会——聚义抱团，商行大道

这是一条浙江省四川商会的宣传片，时长三四分钟，在12月的年度大会上播放。浙江省四川商会会长说，这是他们的首届年会，所以格外看重。还说他们一直非常重视文化这块，他们的核心竞争力就是抱团文化。而且活动当天，省长也会赶过来。可以说，这支视频宣传片意义重大。

他们希望文案既要有大气恢宏的震撼，又要有荡气回肠的情怀；有画面感，有代入感，要充分体现浙江川商的特质，还要融进六个领导的口述。让看到的人要么心潮澎湃，要么潸然泪下，要么心向往之。

时间刻不容缓，客户心急如焚，如何快速出好文案并能让客户交口称赞？

当时，在没有当面沟通的情况下，我们只了解到，这条视频时长三四分钟，包括川商之根、川商之力、川商之魂三个部分，同时穿插六个领导的口述。基于这些信息，我们给出了这样的方案：

浙江这片热土上从来不乏四川人的足迹。

千年前，苏东坡治理西湖，名留史册；

八九十年代，一群群热血青年搭乘绿皮火车来杭州，更成为川商创业的真实写照。

2008年浙江省四川商会正式创立，掀开了历史性的一页。秉承"聚川人智慧，创辉煌事业"的立会宗旨，商会不断在新格局中找寻自身的位置与特色，成为一个现象。

（字幕：2015年，商会荣获5A级荣誉称号）

名誉会长：浙江是川商的第二故乡，从小到大，由弱到强，浙江川商始终抱团发展，敢为人先，才有了今天这样的规模和成就。

投资高级顾问：浙江川商从来没有停下探索与创新的脚步，总是能够在大胆尝试与实践中，化危机为契机。

2008年，面对全球金融风暴，商会探索出"商会联保"的融资新模式。

2009年5月，商会抓住四川承接产业转移和灾后重建的历史机遇，在隆昌打造浙商工业园，开创了商会建园的先例。

2009年8月，商会进一步大胆探索与创新，合作创办"隆昌村镇银行"，成为会员企业进入金融资本领域的又一次有益尝试。

顾问成员1：商会擅长将"引进来"与"走出去"相结合，先后与30多家兄弟商会建立了密切的横向联系，既赢得了商机，又大大拓展了发展空间。

（穿插画面＋字幕：2012年11月，商会在杭州承办了首届四川名特产品品鉴会）

（穿插画面＋字幕："长三角"四川商会合作论坛）

顾问成员2：浙江省四川商会，充分发挥了桥梁纽带作用，是两地经济建设中一支极其引人瞩目的力量。

2013年，商会在余杭临平完成200多亩土地的竞拍，打造临平首座全功能城市综合体——嘉丰·万悦城，成为川商共同参与合作建设的典范。

在贡献一方经济的同时，商会也始终心系家乡，积极探索回乡投资的模式和路径。从"中国·川南皮革城"到"西部家居家纺商贸城"，商会不断创造出更大的价值空间，取得社会效益和企业效益的双丰收。

（字幕：会员企业在四川投资的项目有30余个，投资总额近100亿元）

不断上升的城市地平线上，永远留存着一个时代的温情。

商会企业在快速发展中不忘本色，情系浙川，回报社会，以实际行动诠释出人间大爱。

（画面：各种公益活动）

未来,商会将继续发挥纽带作用,抱团发展,成为助力川商兴盛的常青树,同时致力于将川商塑造成全球知名商帮。

川办:浙江省四川商会是四川的骄傲和宝贵资产。相信他们有能力创造更大的价值,成为一个值得尊敬的群体。

工商联:商会与地方之间形成了合作的良性互动,祝愿商会将川商精神继续发扬光大,为两地经济发展做出更大贡献。

点评:

该方案可以说把该表达的信息都表达清楚了,尤其是核心大事信息很完整。但问题就是信息全了,感觉少了。实的多了,虚的少了。思路已经被大事记所约束。

接下来,浙江省四川商会执行会长亲自过来当面沟通,并陈述了此条宣传片的意义和他们希望呈现的风格。

之后,我们迅速给出了另一篇文案,客户看完表示很棒,认为与前一方案相比有了质的提升。我们很快出脚本,将领导讲话融入其中,并顺利进入制作环节。以下是该文案:

(注:本创意单寅生、裘美媛亦有贡献。)

千年历史文明,成就了天府之国,也孕育了火辣爽直、不畏艰辛的四川性格。

早在900年前,川人苏东坡便来到西子湖畔,用一道长堤留下开拓的足迹。

而当时光来到20世纪,一波又一波川人开始踏上同一片土地。他们背井离乡,为了响应国家号召,抑或为了一个豪壮的梦想,从此便开始了一段波澜壮阔的创业史诗。

时光流转替换了时代主角,却将骨子里的抱团品格沉淀下来,也由此,让四川、浙江两个平行的时空开始有了交集。

当更多的身影出现在地平线,更多的命运绑在一起的时候,他们拥有一个共同的名字:浙江川商。

曾经陌生的土地,并不是每个人都能拯救世界,也不是每个人都有条件创造未来。但当他们抱团在一起,一条条溪流便有了冲向大海的力量。

创业史就是一部城市进化史。

有多少传奇在此演绎？又有多少身影在此往返？

抱团的精神力量激励着每一个人,并成为本能的存在。

为对外交流搭台,在更大的时空中寻找发展的制高点;

为创新发展助跑,让一个又一个创新项目落地生根。

商会同心,其利断金。面对无数个岔道口,他们做了一次又一次选择;面对市场的考验和洗礼,他们从容应对,一个又一个生动的实践,那是岁月给予的成长贺礼。

从商人到企业家,从细小理想到商行大道,浙江川商的精神早已嵌入了担当的基因。他们以爱的名义为川商社会责任聚力,并通过抱团的力量进行放大。

人生的道路便是从出生地出发,越走越远。

但在选择远方的同时,他们从未忘记自己来自哪里,从未忘记把目光投向遥远的家乡。在一次次回乡投资的行动中,他们传递着关于"义"的理解和实践。从我到我们,关于"义"的一切,这里从未缺席。

无论过去、现在,还是将来,在他们看来,远方从来不是别人的,每个人都应是远方的眺望者。

新的城市地平线上,他们永远同举一面旗帜,同发一个声音,同树一个品牌：

聚义抱团,商行大道！

浙江省四川商会

分析：

(1) 主题。

他们的价值观是：聚义抱团,商行大道。客户说这八个字是他们花了很长时间不断提炼出来的。我们就以此为主题,在文案中着重体现"抱团"这个词,这样主题就特别清晰。

(2) 形式。

宣传片采用写实画面素材＋情怀文案解说的形式。文案与画面的关系是互补的,文案表达了画面所无法表达的内容。同时,为了在视觉上突出商会纽带的作用,在制作中运用红绸带作为贯穿,让整体更加连贯、饱满。

周年庆宣传片

制作一部短视频的目的有很多,但没有哪一种比周年庆题材更需要回答这样一个命题:我是谁?这需要我们站在新的节点,打通时空,与过去对话,与未来对话,并重新审视现在的自己。

当然很多时候,企业只是借周年庆之际拍条宣传片,好像与周年庆本身并没有什么关系。

但真正的周年庆宣传片,一定会梳理企业的发展成果,一定会承上启下,一定有时空感和时代感。也就是从多个角度,立体地解析和演绎,探索并回答"我是谁"这个命题。

遗憾的是,很多政府机关和国有企业往往把该类视频变成了一个汇报总结。典型症状就是:大而全的信息罗列、毫无张力的解说、连篇累牍的大事记,荣誉满天飞。平面思维的结果换来的必然是画册的翻版。

厚重的历史,对应的必然是浩瀚的信息。

那么如何将这些信息高度浓缩在一部短视频中呢?

这需要清晰的主题和主线、逻辑严密的结构,每个段落还要保证有记忆点。

潍柴集团:向世界展示令人震撼的中国力量

对于中小企业,其宣传片文案可以轻松搞定;对于大型企业,也能从容应对;而对于有着国企背景和70年发展历史的跨国大企业,如何以较少的文字讲一个完整的故事,如何开篇,如何布局全篇,就相对没有那么容易了。

客户:潍柴集团。

背景：脱胎于国有企业，一度濒临倒闭，1998 年，谭旭光担任厂长，进行了大刀阔斧式的改革，此后企业不断转型升级，上市、多元化发展、兼并国外企业，创造了无数奇迹。

诉求：70 周年庆，受众面较广，希望把转型升级作为一条暗线贯穿全篇，强有力地突出潍柴集团敢为人先、厚积薄发的企业形象。风格上要求大气、激情、硬朗。

主题：动力驱动梦想。

在接触该客户前，已经有很多团队在竞争，但始终在策划环节过不了关。听客户说，他们平时都是找资深记者写稿，但这次记者也不敢接，因为集团体量太大，要讲的内容太多，有限的文字太难进行概括浓缩。

大道至简。任何复杂的问题都能找到最简单有效的解决方式。

首先，让我们先从主题开始发散。在"动力驱动梦想"中，"力"是一个极具穿透力的词，我们就以该词为切入点进行延伸，并与敢为人先的"先"进行结合，最终根据内容归纳出以下几个结构：

转型力·勇者先行

创新力·智者先觉

担当力·仁者先当

裂变力·拓者先立

爆发力·达者先兴

结构有了，让我们再来看下开篇。传统的开篇方式就是历史大事记，平铺直叙的结果直接影响宣传片调性。

我们常说虎头豹尾，开篇有气势，就能强烈吸引观众的注意力。那么如何开篇呢？笔者认为，开篇既要有气势，又要一目了然地表现集团的行业特点，同时还要有画面感。最终，我们用了六个排比问句奠定了基调，并巧妙地让不同角落的员工一起喊出：潍柴。

（注：本创意顾飞亦有贡献。）

编号	画　面	旁　白
(1)	实拍：青藏公路（或云贵川公路）。	什么样的动力可以征服高原,在5000米的高海拔区域畅行无阻？
(2)	工程机械（施工现场）功率大。	什么样的动力可以挑战不可能,让万吨巨石运送自如？
(3)	实拍：海洋渔船（开渔节）数量、市场占有率高。	什么样的动力可以刷新纪录,轻松占据海洋渔船60%的市场份额？
(4)	实拍：发电设备（贵州天眼）可靠性强。	什么样的动力可以突破时空,用5秒的时间为大国重器焕发生机？
(5)	实拍：农业机械（联合收割机）耐用、省油、经济。	什么样的动力可以驰骋万亩良田,让天下亿万农民喜获丰收？
(6)	实拍（潍坊取景）：城市交通（扬州亚星客车）安全性。	什么样的动力可以承载未来,为660多座城市客车保驾护航？
(7)	（不同肤色、不同行业,五国子公司的CEO进行回答。）	这样的动力成就无数个梦想, 这样的动力汇聚成同一个名字： 潍柴。

续表

编号	画面	旁白
(8)	航拍集团总部大楼展示。 重型卡车、客车、游艇、工程机械等各种产品展示。	从单一产品到多元业务,从百亿企业到千亿跨国集团,当今的潍柴已成为中国内燃机工业的领跑者、中国装备制造业的风向标、全球制造业升级的践行者。
(9)	世界地图,镜头聚焦在威海,出现1946年开始的历史素材(考虑抠像)。接着,线条拉出过渡到潍坊(伴随相应素材)。再接着,辐射出多个线条到全国,最后扩展到全球。地球旋转,出现金属质感的五个力在周围环绕。 五个力: 转型力·勇者先行、创新力·智者先觉、担当力·仁者先当、裂变力·拓者先立、爆发力·达者先兴	潍柴之路,是一条持续的转型升级之路,更是一部波澜壮阔的奋进史诗。 在这条路上,潍柴创新不止,又不乏担当,裂变爆发,又不忘使命,有力地见证了大国企业的崛起。

营销目的篇 | 77

续表

编号	画面	旁白
(10)	历史素材:谭总讲话。 叠画:约法三章(展厅拍摄素材)。 生产线快速穿梭。	1)转型力·勇者先行 1998年,困境中的潍柴迎来了有史以来最年轻的一位厂长。大刀阔斧式的改革,砍掉了传统的束缚,沉睡的潍柴开始苏醒。潍柴化危机为契机,以产业报国的姿态,与共和国同命运,与改革开放共呼吸。在不同阶段为民族产业注入不同的时代内容和特征。并通过自身独特的践行理想的方式走出了潍柴自己的道路。
(11)	新闻电波声从城市上空传来(北上广城市大景、车流)。 蓝擎产品多个角度演示(展厅)。	2005年,潍柴推出我国第一台拥有完全自主知识产权的大功率欧三发动机——蓝擎。这意味着,中国内燃机工业不再一味仰望,从此在世界舞台上奏响了自己的强音。
(12)	三大跨越:三维演绎。	通过转型升级,潍柴实现了高速发展中的三大跨越: 从一般产品向高端产品的跨越; 从单一配套向全系列、全领域的跨越; 从投资领域向消费领域的跨越。 潍柴成为国企改革的典范。
(13)	大景,意象镜头。	2)创新力·智者先觉 持续创新,让潍柴与世界先进技术紧密相连,并在更广的领域有了自己的话语权。
(14)	产业链条, (西安)整车流水线+研发。	● 产业创新: 在产业创新上,潍柴没有盲目多元化,而是沿着动力主轴向产业两端延伸,打造出一种独具特色的产业链发展模式,从此,潍柴掌握了从关键零部件研发到整车制造的全产业链条。
(15)	展厅:动力总成。 3D素材(五国十地):平行视角地图,各地代表产品依次呈现。	面对不断延伸的产业链,潍柴更没有忘记自身核心竞争力的打造。 2007年底,国内第一款对发动机、变速箱和车桥进行系统匹配和集成的"动力总成"在潍柴诞生,实现了产品研发过程中的技术协同和全产业链中的产业协同。

续表

编号	画面	旁白
（16）	产业格局：各分公司车间大景（陕重汽总装线、林德叉车总装线、法士特热处理设备、液压单元总装线、火花塞总装线等）。 国外主要生产线场景。	整合产业资源，造就海纳百川的胸襟。潍柴以集大成者的角色，组成了强大的产业矩阵。一个覆盖多行业的产业格局正把中国制造推到新的高度。
（17）	（国家重点实验室门牌展示，员工研发现场、电脑屏幕3D产品设计、新产品各种检测现场。） （生产线：三大动力总成研发、动力产业链延伸。 展现发动机、变速箱、火花塞、游艇、叉车、液压全球第一。） 3D产品模型：	● 技术创新： 潍柴首创了产品研发过程中的流程创新。通过建立全球协同研发体系和产品联合研发共同体，创造一个能分别独立运转、协同研发的资源平台。依托国家重点实验室，搭建了全系列、全领域、高端动力产品的智慧研发平台。
（18）	专利墙实拍扫描。	一次次的技术创新，推动潍柴勇攀高峰，从一般技术到核心技术，潍柴让世界瞩目。

续表

编号	画面	旁白
(19)	员工文化:各子公司的员工面貌(WE ARE ONE 素材)、员工培训画面(有外籍员工)。	● 文化创新: 以文化促进合作,借合作提升文化。潍柴通过"责任、沟通、包容"的文化理念打造了一个充满活力的跨国经济融合体。
(20)	潍柴智慧工厂生产场景(潍柴铸造的造型机器人、滨海铸造大型熔炼设备、一号工厂、二号工厂、三号工厂加工线、曼大机总装线)。	3)担当力·仁者先当 70年来,潍柴在领跑行业、走向世界的道路上从未停下脚步。 在这里,潍柴坚持两化融合,持续提升智能水平,打造数字化智能工厂,提供效益更高、成本更低、品质更优的绿色产品。
(21)	潍柴绿色制造。(潍柴科技展馆系列产品、铸造环保设施、光伏、太阳能循环经济项目动画。)	70年来,潍柴不断探索前行,又不忘初心。 建立在环保、节能等循环经济基础上的绿色制造体系,让潍柴以企业公民的角色承担社会责任,从而让绿色成为企业的底色。
(22)	上市公司企业 LOGO,股票代码动画。 外国人写照。 模型图+地球循环图。	4)裂变力·拓者先立 (香港上市、深圳上市、德国法兰克福上市) 从投资拉动到双轮驱动,每一个探索的步伐背后都注入了潍柴对世界的审视,以及对未来的思考。 实力,绝不是来自外表的浮华,而是内在历练的升华。 潍柴以动力总成为核心的资本—技术—市场的闭式循环模型,进一步丰富了双轮驱动的内涵,成为装备制造业发展的标杆。

续表

编号	画　面	旁　白
(23)	历史资料： 2009年，并购法国博杜安动力国际公司，进一步拓展了全系列发动机产业布局。 2012年，重组世界最大的豪华游艇制造企业——意大利法拉帝集团。 2012年，战略重组德国凯傲集团和林德液压业务。 2016年，子公司德国凯傲集团以21亿美元收购德马泰克，一跃成为内部物流解决方案的全球领导者。 国外LOGO汇聚动画。	5) 爆发力·达者先兴 "欧洲品质、潍柴制造。"潍柴在兼收并蓄中，通过跨国并购、海外建厂、技术输出、产品直销等形式，在海外市场持续发力。通过资本市场的长袖善舞将优质资源归为麾下，将大国工匠精神传至全球。
(24)	素材： 海平面、游艇前行、游轮航行，画面拉伸转换。 海外工厂、生产线、生产产品细节、海陆空运输。	从国内向全球的进军，已不只是一个地理的尺度，更是一种远见的态度。 潍柴本部国际化、海外企业潍柴化、产品制造本土化、企业运营全球化，潍柴的国际化梦想正一步步变成现实。
(25)	(2015年收入图表，1946—2015年图表。) 特效：魔方方块＋潍柴大家庭。	2015年，潍柴销售收入再次超过1000亿元。其中海外业务收入占比一半以上。这意味着，潍柴已完成全球业务整合，不再受单一产业和单一区域经济波动的冲击。越来越庞大的潍柴大家庭将共享这一伟大成果。
(26)	意境镜头、国内首款13升发动机、H平台9/10升新型高端发动机，铸造过程火花四溅。 细节，员工特写、展厅280万公里无大修发动机。	吐故纳新，与时俱进。今天，勇立潮头的潍柴，精准定义客户"可靠、耐用"的核心需求，2016年4月全球发布H平台9/10升新型高端发动机，以寿命180万公里/3万小时树立起高速重型发动机寿命的最高标准。

续表

编号	画面	旁白
(27)	沙漠,骆驼,卡车在沙漠中行驶,各种潍柴设备成品使用现场冲击力画面。	遥远的地平线,昔日丝绸之路的驼铃声还在耳边回荡; 今天,作为"一带一路"倡议的先行者,潍柴更开辟了一条通往全球的潍柴之路,向世界展示了令人震撼的中国力量。
(28)	本部航拍、多个车队、各分公司团队造型。	结尾: 迈向高端,跨越百年 不忘初心,继续前进。 一个更加生动的世界面孔, 一个不断奋进的百年潍柴, 正阔步走向未来……
(29)	LOGO演绎。	

案例截图:

浙江省血液中心：凝心聚爱，长袖善舞

20周年之际，浙江省血液中心准备做一支宣传片。于是对外进行了一场公开的招标，我们幸运入围，并最终达成合作。

因为客户是一家政府事业机构，首先该视频要保证立场的政治性、信息的完整性、文字的严谨性，然后再在此基础上发散思维，提出创意。换句话说，你想引导客户制作一部极具欣赏价值的艺术大片几乎是徒劳的。既然不能改变客户，那就改变我们自己。

在《商业宣传片私作品：文案、创意、策划》中，笔者也曾分享过，所谓创意，绝不是颠覆式的革新，而是在已有的基础上进行加减乘除，整合出较新的概念和较新的形式，也就是微创意。

我们再回到客户身上，血液中心给我们的直观印象就是献血车、白大褂、血淋淋的针管、冷冰冰的设备，跟医院形象大同小异。如果按照传统的做法，所有的信息都会交给文案解说，包括历史展示、设备介绍、荣誉罗列，最终成为一部不折不扣的成果汇报片。

我们认为，既然是视频，就要体现视频的特点，就要动用音、视、画等多种表现形式，用影视思维呈现立体饱满的品牌形象。

(1)关于主题。

客户属于公益事业机构，如果提炼一个主题词的话，我们很容易想到"爱"和"善"。

经过推敲后，我们把主题定位为：凝心聚爱，长袖善舞。

这两个词，一个是"收"，一个是"放"，非常有画面感和动感。

(2)关于结构。

我们希望围绕"善"进行延伸布局,贯穿到各个段落,并体现在小标题上。

在沟通中,客户说他们有三个核心亮点需要体现,那就是血液安全、血库充足、信息技术领先。

但完全通过"善"很难清晰表现各板块内容,我们还需要借助另一个词形成对仗式的搭配。

于是,我们想到了"界"。

界,意味着一种严谨、苛刻、责任、精益求精的态度。坚守这样一种"界",才能传达"万物有界,爱无边界"的思想。经过不断丰富归纳,形成了以下结构:

以心为界,善积者昌

安全为界,善控者立

充足为界,善集者赢

科研为界,善创者胜

信息为界,善智者达

(3)关于表现形式。

传统的旁白解说会让人昏昏欲睡,何不通过员工口述来代替?一方面,员工本色出演,传递浓浓的人文情怀;另一方面,真实的声音更容易打动观众。

对于设备和荣誉展示,我们采用极具冲击力的包装形式,让枯燥的"听"变成了动感的"看",大大节省了视频的时间。

以下为文案:(注:本创意季焕然亦有贡献。)

引子:

内容:大事记。

画面表现:实拍+后期包装。城市大景采用实拍或素材(植入献血车、献血屋、献血广告这些元素),大事记采用电波+电视台播报+叠加字幕+视频素材的形式。

思路：

清晨，光影流动，长夜与白昼此消彼长，城市开始苏醒。画面从西湖时代的旧址开始。城市不断变幻，空气中传来若有若无的电波声（男女声混杂）：

1995年，浙江省血液中心开始筹建，开始第一次创业。

1997年4月10日，浙江省血液中心正式开业。

2000年2月24日，省、市两家采供血机构建制合并，组成新的浙江省血液中心，开始第二次创业。

2002年10月23日，浙江省血液中心武林路综合大楼正式落成，开始第三次创业。

2005年4月12日，习近平同志（时任浙江省委书记）莅临中心调研建设卫生强省工作（习近平调研中心镜头体现）。

2011年8月，浙江省血液中心滨江院区大楼正式动工建设，开始第四次创业。

画面跨入钱塘江时代，四桥车辆穿梭，云层翻滚。最后过渡到新大楼。

标题：凝心聚爱，长袖善舞

——浙江省血液中心二十周年宣传片

开篇：

内容：从早晨采血人员出发到各个角落进行展示，突出荣誉称号——国家级青年文明号。

画面表现：实拍，唯美写意。

思路：

江南大道，绿树成荫，光线闪烁。

浙江省血液中心以自己的方式迎来新的一天。

采血人员入镜，她们熟练地披上白色工作服，戴上漂亮的燕尾帽，对着镜子整理着装，准备好一天的工作物品，一切工作准备就绪，一辆辆采血车驶向城市的各个角落。

(1)以心为界,善积者昌。

内容:献血服务一科街头、团队采血两部分场景(工作写照＋先进的PDA系统),献血服务二科成分献血室场景(工作写照＋仪器展示)、历年采血数据。

画面表现:实拍＋后期＋延时摄影。展示仪器时加一些辅助特效,突出科技感。

思路:

光影游移,城市越来越亮,人群穿梭,工作人员耐心地向人们讲解。

采血车及成分献血室工作写照。

工作人员口述(拟金志坚):为了医院的病人,方便市民献爱心,我们365天不休息。每天派出七八个小分队,在每辆面积不足10平方米的献血车上,全年接待献血者16万人次,采集血液48吨,有力地保障了杭州城所有医院的临床用血及全省应急用血。

工作人员口述(拟徐瑶瑶):你要跟献血者不断地沟通,打破他们的种种顾虑,努力为献血者创造愉快的献血经历。微笑传递城市文明,这是我们的使命。

工作人员口述(拟二科工作人员):献血者的理解和支持、患者的微笑和感谢,是支持我们前行的最大动力。

采血数据:

浙江省血液中心成立二十年来,无偿献血人数达××万人次,供应临床血液××吨。

(通过光线在不同角落的移动,过渡到各个科室,进入下一篇章。)

(2)安全为界,善控者立。

内容:检测中心、质量法规部(工作写照＋先进仪器展示),体现安全。

画面表现:实拍＋后期包装。

思路:

检测中心、质量法规部的各种先进仪器设备展示(光影移动),工作人员熟练地操作着仪器,虚实变焦。人物工作写照采用蒙太奇手法,创造时空感。

工作人员口述(拟祝宏):为保障血液安全,我们选用国际一流的设备,严格按照国家标准进行血液检测。同时,作为我省最大的一个核酸集中化检测实验室,除完成日常检测工作,还承担杭州、嘉兴、湖州、绍兴和义乌地区的血液核酸集中化检测工作。

(光线游移在走廊,人员不断穿梭,若隐若现。)

(3)充足为界,善集者赢。

内容:G20、血库,日常供血和突发应急事件供血,体现血库充足(红细胞、血浆、血小板、稀有血型血液等)。

画面表现:实拍+素材。

思路:

会议室,领导层进行视频会议,战略部署。

G20素材(G20期间相关拍摄素材)。

血库展示,专备用血设备展示,工作人员进行血液分离、制备、发血等流程的镜头。

视频素材或字幕:

2011年,7·23甬温线动车特大事故,中心应急直供红细胞500U、血浆20000毫升。

2014年,杭州公交纵火案,中心及时供血31610毫升。

2014年,江苏昆山爆炸案,中心将160000毫升血浆及时送达。

领导口述(拟胡伟):随着医疗保障不断提升,临床用血量也快速攀升,安全、充足的血液供应是确保医疗卫生服务正常开展和关乎人民群众切身利益的大事。尤其G20期间,给我们提出了更高要求。

字幕:浙江省血液中心获得杭州市委市政府颁发的"服务保障G20杭州峰会先进集体"荣誉。

工作人员口述(拟周易):为了保障临床用血科学、合理、有效,血液需要重新制备分离,检测合格后,还要跟医院不断沟通,24小时值班,全年无休。

字幕：

每年平均为杭州城 90 余家医疗机构提供临床血液 44 余吨，机采血小板 3 万多人份，同时保障全省突发应急事件供血。

(4) 科研为界，善创者胜。

内容：国家卫生健康委员会血液安全重点实验室，突出科研创新。

画面表现：实拍＋字幕跟踪。

思路：

国家卫生健康委员会血液安全重点实验室展示，不同工作人员的工作写照、相关成果以特效字幕形式出现在各个空间。

领导口述（拟朱发明）：我们始终加大科研力度，致力于提高血液安全，促进输血医学的发展。我们建立了多个血型系统的分子诊断技术。20 年来，发现 100 多个血型的新等位基因，拥有国际认可的自主知识产权，并为国际血型分型提供了金标准。

工作人员口述（拟徐健）：在对浙江省 30 多万献血人群 HIV、HCV 和 HBV 分子流行情况大量数据研究的基础上，制定了《献血者招募策略指南》，为我省和国家卫生行政部门制定相关标准提供参考依据。此外，还主持编写了国家卫生行业标准《血液储存标准》，参与编写了《全血及成分血质量要求》等 5 个国家标准。

工作人员口述（拟何吉）：我们开展全省红细胞同种免疫调查，同时，建立了 2000 多人份浙江省血小板献血者基因数据库，致力于有效解决患者血小板输注无效问题。

字幕：

2005 年 2 月，组建目前我国输血医学领域内唯一的部级重点实验室。

2015 年 11 月，被省科技厅认定为浙江省血液安全研究重点实验室。

场景内特效字幕展示：

完成项目 48 项、在研项目 23 项。

发表 SCI 论文 110 篇、国内一级刊物 74 篇。

获得浙江省科学技术奖二等奖 1 项、三等奖 6 项,浙江省医药卫生科技创新奖一等奖 1 项、二等奖 10 项、三等奖 13 项。

获得国家发明专利 3 项、计算机软件著作权 3 项。

(5)信息为界,善智者达。

内容:机房机柜等,突出信息化。

画面表现:实拍+后期包装。

思路:

工作人员口述(拟孔长虹):我们建立了我国第一个省级采供血机构网和省级血液数据中心,信息网络除覆盖全省采供血机构外,还与医疗机构实现了互联互通。自行研发了血液储存温度自动监测管理系统并在省内外应用。主持编写《血液信息系统基本建设规范》2 项地方标准,填补了血液信息化领域地方标准的空白。

字幕:

全国首家使用 HAEMONET 网络系统、采血无线信息监控程序。

片尾:

内容:与开头呼应,展示时光流转,突出员工文化建设。

画面表现:实拍+素材包装。

思路:

武林广场旧址延时摄影,各个采血点延时摄影,江南大道延时摄影,岁月流转,抽象画面。

夜幕降临,灯光层层点亮。办公大楼的灯开始亮起,与白天的光形成接力。

接着,与开头呼应,随着灯光减弱,阳光再次出现,迎接新的一天。光线从一扇扇窗口照进来,一组组员工视线望向窗外。

穿插各种党工团活动、新春健步走、员工文化、社会活动、领导关怀等表现人物精神风貌、体现正能量的素材。

多组工作人员穿着不同服装,微笑面对镜头,对未来充满信心。

领导(拟胡伟):20年来,浙江省血液中心经历四次创业,蓬勃发展二十年,不忘初心铸辉煌。

LOGO落幅:凝心聚爱,竞奔不息!

案例截图:

团队文化展示

姜子牙说:天下是天下人的天下。

伴随"渠道为王"这一概念的式微,"用户终极思维"概念开始崛起,越来越多的企业组织走向扁平化,越来越多的员工成为事业合伙人,"一个大老板带领无数小老板"正成为一个趋势,而与之相伴生的便是团队文化。

如果说产品解决了"卖什么",商业模式解决了"如何卖",那么团队解决的便是"谁来卖"的问题。

人在一起叫团伙,心在一起叫团队。

从"我"到"我们",最核心的一个命题就是"我们为什么出发?"

唐僧如果觉得苦,是不会去西天取经的。他不畏艰难险阻,是因为他知道自己为什么出发。

在多个项目中,笔者发现团队文化往往有以下几条很重要的价值观:

(1)成就他人,才能成就自己。

(2)人生不设限才会精彩无限。

(3)渴望是拥有的开始,越渴望拥有越多。

(4)成长比成功更重要。

(5)领导人就是让身边的每一个人都感觉自己很重要。

这些价值观反映了一种积极向上的正能量,散发出一种强大的气场。

中脉百合团队：想不到的升华和蜕变

俗话说：小团队靠感情、中团队靠制度、大团队靠文化。

作为直销领域的佼佼者，中脉事业在全国如火如荼地开展。

为了让更多的人认识中脉，并感知到其背后的团队文化，进而通过蜕变的若干个体影响到更多的人，遍布全国的团队各自打造了一条短视频。

每个团队都包含很多背景不同的个体，这需要文案在充分了解的基础上，进行重新归纳梳理，并通过不同的主线将人物联结起来。

除此之外，中脉统一的企业文化贯穿到每个团队，同时又体现出各自的亮点。

团队较多，笔者仅筛选出其中几支团队的宣传片文案分享给大家。

（注：本创意程换亦有贡献。）

人生的很多寻找，总会遇到想不到的事情。

对这支美丽的团队来说，想不到的艰辛，她们早已尝遍。

白蕾：我是家庭的长女，始终认为自己有责任去照顾好家庭，所以早早背井离乡外出打工，付出常人难以忍受的努力和汗水。

蒋菊花：我做过流水线作业员，开过便利店，贩卖过水果，开过影吧，付出的辛劳远远超过收获。

郭颖萍：我是一名退休工人，因为丈夫破产，从此家庭负债累累，贫困潦倒。但我不甘心过着低人一等的生活！

想不到的迷茫，让她们在煎熬中无所适从。

陈丽红：因为工作比较安逸，所以梦想变得荡然无存，我不断寻找项目，却始终不敢行动。

李燕：我不甘心做一名初中数学老师，带着5000元来深圳创业，因为竞争激烈,我换过很多行业,一直找不到方向。

想不到的压力,让她们每天都在做着思想斗争。

文晓平:我曾在一家世界500强企业任职13年多,但无法给女儿一个好的教育环境,无法给父母更好的晚年生活。

殷晓艳:我辞职出来,开始创业,但劳累的生活没带给我想要的生活,换来的却是愈发暴躁的脾气。

想不到的转变,也许就在一念之间。

余珠凤,做过八年上市公司高管,为了活得有价值,她开始创业,但总觉得缺少什么。

(口述:遇到中脉,我明白了自己缺少的是对生活的激情。)

金晶,一位90后美女,事业小有所成,但仍不能成为家族和父母的骄傲。

(口述:遇到中脉,我破釜沉舟,转掉店面,全身心地投入事业当中。)

谢陶陶,一个平凡的工厂女工,曾经是某全球知名化妆品中国区最年轻的督导。

(口述:因为偶然的机会遇到中脉,选好了,我就义无反顾地加入了。)

黄小芬,远嫁台湾,是丈夫企业的中流砥柱,也是两个孩子的妈妈。

(口述:选择中脉源于肩上的使命。)

谢欢,最初是一名流水线员工,因为不安于现状,最终接触到中脉。

(口述:自从加入中脉后,我从一个女汉子变成了一个小女人。)

遇到中脉前,她们身上有着太多想不到的故事。

遇到中脉后,她们学会了经营生意,学会了包容,同时也学会了规划自己的人生,重新燃烧起梦想。

今天,在她们身上有着:

想不到的头衔和光环,

想不到的美丽和甜蜜,

想不到的升华和蜕变。

豪车豪宅,幸福绽放,百合花开。

只有想不到,没有做不到。

她们的今天,便是伙伴们的明天。

中脉信诚团队：别具一格的事业相对论

为了与百合团队有所区别，本篇文案戴了一顶"事业相对论"的帽子，通过进、退、取、舍四个层面进行了诠释。

（注：本创意程换亦有贡献。）

花开花落，云卷云舒。
一支优秀的团队，注定是一道风景。
信诚团队，正用自己的方式，
演绎出别具一格的事业相对论。

进

她们曾有着不同的经历、不同的人生轨迹，然而，骨子里却流淌着共同的奋发上进的血液。因为中脉，她们的人生从此有了交集。

潘丽芳：小学五年级文化水平，在家干了十九年的家务活，出于女人爱美的天性和儿子的一句"妈妈，你要走出去"，毅然在厦门开了第一家中脉形体会所。

王蕙浠：年纪轻轻，便背着沉甸甸的行囊，走上了打工创业之路，却一直没能收获她想要的。因为中脉，她等来了破土萌发的那一天。

陈美君：是三个孩子的妈妈。曾经的她是个地地道道的男人婆，为了让家人过上好生活，她拼命干活，却始终未能如愿。然而接触中脉，仅仅用了两年时间，便实现了所有梦想。

潘丽芳：成为一个有尊严、有价值的女人，我做到了。

王蕙浠：实现个人的成长蜕变，我做到了。

陈美君：让孩子上贵族学校，让家人住上更大的房子，我做到了。

退

飞速发展的时代让每一个人都无法停下脚步。

过去,她们在商场的摸爬滚打中变成了女强人,

而今天,因为结缘中脉,她们变成了富有魅力的强女人。

从此,身心合一。

陈明珠:曾经拥有3家美容院,因为人才难以复制,不断地二次投资,加上市场的激烈竞争,让她不断加快步伐,并一度陷入绝望,后来通过朋友引荐,结缘中脉,从此事业家庭双丰收。

叶芳妹:为了父母,为了家人,不甘平凡的她,单身来到厦门打拼了8年,从最不起眼的员工做到一家高级会所的副总,然而表面的安逸却无法真正抚慰身心,直到遇到中脉。

陈明珠:从一直赶路,到感受路。今天,我做到了。

叶芳妹:真正解放身心的绝不是物质,在中脉,我感受到了。

取

在光环笼罩下,很多人没有勇气踏出第一步,中脉给了她们力量,让她们更加清晰地看到自己的未来,懂得自己真正需要什么。

在她们看来,女人的成长对成功更重要。

因为不忘初心,她们知行合一,方得始终。

包陈露:曾是有国家编制的教师、国家二级舞蹈演员,然而,炫目的光环仍然没能掩盖她对梦想的追求。她大胆辞去公职,全身心投入中脉,不仅彻头彻尾得到改变,还与先生一起全力开拓事业。

陈映燕:曾经是三甲医院妇产科医务人员,为了追寻自己的梦想,她来到中脉开始创业,今天,她的市场已遍布全国很多角落。

包陈露:过去,再大的成功也只是工作;今天,中脉带给我的是事业,真正的事业。

陈映燕:在中脉,我跟很多人一样,成长可以看得见、摸得着。

舍

敬天爱人,天人合一。

秉承大爱的思想,她们用自己的方式,对"舍得"做出了诠释。

在她们看来,一个人的成功不叫成功,带领兄弟姐妹持续成功才叫成功。

今天的她们,已不再只是为钱奋斗,更多的是责任和使命。

这种感性力量的成功正以几何倍数传播、感染着每一个人。

进、退、取、舍。这是来自魅力女人的真实写照。

刚柔并济,和而不同,这是信诚团队呈现给世界的姿态。

因为她们,这个世界变得如此生动而多彩。

因为她们,整个行业必将走向光辉灿烂的明天。

案例截图:

肯德基：正年轻，正能量

肯德基2016年要办一次大型的联欢晚会，会上对一些单位和个人进行表彰。为了更好地展现他们的风采，特意制作了一系列短视频。主题是：正年轻，正能量。

当笔者拿到客户提供的素材时发现，这些文字太官腔、太四平八稳了。这类文字我们习惯叫八股文，也是沟通时经常遇到的现象。如果按照这样的陈述进行制作，可想而知，很容易变成汇报总结。所以，我们重新给它梳理润色，写出具有画面感、有故事的文案来。

（注：本创意程换亦有贡献。）

（1）百胜企业家奖。
这里很大，大到可以包容不同的人群、不同的文化；
这里很小，小到只是员工的一个家、顾客的一个驿站。
这里，因他们的存在，而精彩无限。
他们践行企业家责任，促进和谐进步。
创新、合作、敬业、执着、诚信、关爱，这一切的一切构成了他们的人生底色。
他们化危机为契机，变压力为动力，让利润增长、顾客满意度、食品安全、人员发展都走在前列。
他们创造的不只是财富，奉献的也不只是现在。
他们让我们看到未来。

（2）岗位标杆奖（或敬业爱岗奖）。
从清晨的一缕阳光，到晚上的灯火闪烁，
他们克己奉公、兢兢业业，用心经营每一个细节。
从一声亲切的问候，到一个美丽的微笑，
他们以顾客为导向，以服务为核心，用最大努力满足人们的最小心愿。
忠于内心，生命才格外饱满；

忠于事业,业绩才能结硕果。
市场行销、开源节流、利润管理,始于心,践于行,成于效。
他们严格履行职责,相信"我当家我成就";
他们以主人翁的姿态赢得人们尊敬。

(3)最佳支持前线奖。
每天,他们的视野半径在城市各个角落延展;
每天,他们都和熟悉的世界擦肩而过。
无论春夏秋冬,
无论风霜雨雪,
他们用坚不可摧的后方保障,让舌尖上的美食触手可及;
他们用快速而又高效的节奏,为城市增添别样风景。
他们,因餐饮而生,
餐饮,因他们而多情。

(4)星光奖。
他们来自不同的地方,
却在一个平台共同成长。
他们有过彷徨,有过迷茫,
却释放着每一份热和光。
心存感恩,回馈人生。
励志奋进,一路同行。
他们全情投入自己的角色,工作并快乐着,
他们以卓越的执行力让餐厅与城市达成最美默契。
星光闪烁,彼此辉映,
从"我"到"我们",
工作,原来可以如此多彩。

(5)2015年最美餐厅奖。

从来没有一种爱,可以如此细小,

小到一分一毛。

每一个善意的引导,

每一个微笑的示意,

都构成了最温暖的一角。

大至担当,微如涓流。

也许,每个人的力量都很微小,

但每一份爱集结在一起,

就会变得强大。

他们如同使者,

心中有光,才能传递能量。

因为真心,才能与社会责任共振,才能让爱的火种生生不息。

他们让我们明白,

餐厅之美,不只是饮食之丰富,

更在于以爱为出发点的细小自觉。

(6)最佳支持前线奖。

每天,无数人群在此穿梭;

每时,无数订单频繁录入;

每刻,大量数据在周密运算。

看得见的便利,看不见背后的维护运营;

看得见的安全,看不见背后的预警防线;

看得见的高效,看不见背后的信息管理。

他们如同忠诚的卫士,默默地注视着一切。

远离大众视线,却第一时间冲到最前线。

他们存在着,却没有办法向世界告知自己的存在。

于无声处致青春,

于无形中筑丰碑。

我们看不见他们,他们却从未远离我们。

旅游形象宣传(专题)片

中国有660多座城市,每座城市都需要宣传自己。遗憾的是,受宏观思维、精英思维影响,绝大多数的城市宣传片都追求大体量、大场面。最终造成宣传片物质意味过剩,精神内容缺乏,价值观不清晰,审美趣味下滑,甚至变成大而全的政府汇报片。

世界不断更新,而城市宣传片却一味重复,就好像一台机器里面生产出来的流水线产品。

其实,一座城市是一种无形的情绪的集中、一种文化默契的定型。哪怕是无声的一砖一瓦、一山一水,哪怕是平凡的路人、常见的小动物,也都会形成一种强大的存在感,要去捕捉却又不知去向,以为消失了却又弥漫四周。

拍摄旅游形象宣传片其实就是挖掘城市的核心价值,输出一种文化自信,有着当地烙印的文化自信。而这种文化自信往往就体现在这日常的小细节里,一举手,一投足,一张口,便是活着的传承;向着美好前进,催人向上的精神便是自信的基因。

当然,在与客户的拉锯战中,妥协在所难免,但适当坚持还是必要的,这对创作者也提出了更高的要求。虽然笔者也没有创作出让自己完全满意的作品,很多内容还在探索之中,但目前看来,创作问题主要体现在两方面:要么缺新颖的概念,要么感受不到"人"的存在。

丽水:"心"出发,"心"旅程

作为生态旅游城市,丽水一直在挖掘、深化自身的优势资源。

旅游宣传片有很多版本。这次，我们希望把镜头聚焦到人身上，并挖掘出一个新的概念。虽然通过不同的人物作为主线也是时下常见的形式，但赋予宣传片一个新的概念，就有了不一样的味道。

时代在滚滚向前，但一切不过是在重演罢了。一切都在变，唯人性永恒。

（注：本创意范范亦有贡献。）

一、创作理念

风景再美终究会看够，只有人心的触动才会长久。因此，本片摆脱传统的风光罗列式的浏览，融入更多的人文情怀，以讲故事的形式呈现一个有山有水、有血有肉的丽水。

二、主题：秀山丽水，心出发

天各一方的人们，
每个人的出发都有着不同的理由。
有的人，为了度假，为了释放身心；
有的人，为了探险，为了体验未知；
有的人，为了给苍白的生活增添色彩；
有的人，为了过二人世界，为了携手看夕阳。
在丽水，他们通过所见所闻、所感所想，遇见了新的自己。
丽水，让人们有了交汇，那是属于你我他的"心"出发，"心"旅程。

三、本片四组角色设置

一家三口——定期度假的乐活悠闲一族。在这里，他们远离繁华都市，充分投入自然的怀抱，感受这里的呼吸，在童话般的云和，在仙境般的缙云山，让身心灵合而为一，从而获得一份清心。

背包客——时下流行的自助游一族。他热爱生活，又热爱探险，享受对每一个未知的探索。原生态的百山祖让他流连忘返，画乡莲都让他着迷，他既享受遂昌淘金迷一样的旅程，又好奇于《牡丹亭》中那婉转的眉目含情。在自然的鸟语和虫鸣中,在久远的袅袅诉说中,他不断更新自己,同时找到了归心的感觉。

一对情侣——这是属于他们的浪漫之旅。在诗一样的田园中,他们感受着扑面而来的淳朴民风;在庆元廊桥,他们模仿着《廊桥遗梦》中的桥段,在小桥流水的清澈和嬉戏中,让感情升温;在畲乡景宁,熊熊燃烧的火把燃烧着每个人的内心,传统的嫁娶习俗流淌着某种永恒。他们穿着畲族服装,一起参与互动,在最本真的快乐中让真爱升华,那是对这片土地,以及对彼此的倾心。

老年夫妻——不老青山,绿水长流。人世繁华,一生沉淀,此刻的他们看山是山,看水是水。人生就是放下。在这块福地,他们把时间真正留给自己,真正留给当下。那是一种对自己多年付出的犒赏。无论千佛山的香火,还是龙泉山的日出,他们和更多有缘人一起追求福报,并见证那份相濡以沫,那是一种心照不宣的默契和感情。

四、框架

引子

不同的人群以不同的方式来到丽水:

一辆自驾车穿行在浓荫遮蔽的马路上,一景一物映射在后视镜上,车内一家三口欢快地摇下车窗,感受新的空气、新的到达。

镜头过渡。马路上,一个背着行囊的年轻人被路人告知前行的方向,连声说着谢谢。

年轻人与一对情侣擦肩而过,这对情侣中的女孩顺手拿起路边小摊的某个纪念品,调皮地向男友征求着意见。

这时,一辆大巴停在不远处,一对老夫妇互相搀扶着走下车。

● 闲者·清心——度假的一家三口

重点画面:仙都缙云山、童话云和

山色空蒙,云雾缥缈,一家三口泛舟荡漾在湖面上。

飞瀑流泉打破宁静,山林苍翠,山路延伸,他们尽情地舒展身体,尽情地深呼吸。

镜头过渡。湖面上,一张张承载希望的渔网开始缓缓抛撒。

活蹦乱跳的鱼与欢乐的一家三口相映成趣,男孩抱起一条大鱼奔跑着、追逐着。

云层翻滚,光影游移,层次分明的梯田不断延伸,接着,在四季变幻下,呈现不同色彩。

木玩文化节,琳琅满目的各式玩具抓住了男孩的目光,各种好玩的活动让一家三口流连忘返,如同进入童话世界。

● 行者·归心——背包客
重点画面:原生态百山祖、画乡莲都、遂昌淘金

背包客拾级而上,登上一个又一个高点。

在神秘的百山祖,活化石冷杉、从天而降的冰瀑、冰花怒放的雾凇、拔地凌空的擎天柱、深不见底的鬼洞,一切都深深地吸引着他。

背包客拿起相机,随着一声快门响,镜头巧妙地进入画乡莲都。一群写生的青少年描绘着自己心中的风景,画中有人,人中有画,这一切都进入了男背包客的相机里。

紧接着,遂昌淘金的车呼啸而过,展开了另一种节奏。背包客坐在车上,耳畔却传来《牡丹亭》的唱腔,咿咿呀呀的声音若隐若现。目的地街头,几名身着彩装的花旦正拿着扇子惟妙惟肖地表演。

● 知者·倾心——一对恋人
重点画面:松阳田园风光、庆元廊桥、畲乡景宁

古村群落,寻古探幽,田园风光,淳朴民风,一种跨越时空的久违的对话在一对年轻人之间展开。爱情并不遵从我们的想象,爱情的神秘就在于它的纯洁与纯粹。

溪水潺潺,诉说缠绵。庆元廊桥,两人风趣地拼起了演技,他们从桥两端向对方走来,并最终相遇。就像《廊桥遗梦》中的台词:我要向你走去,你向我走来

已经很久了。虽然我们相会之前谁也不知道对方的存在。此桥非彼桥,但唯有爱最真。

光影游移,夜色降临。腾空的火焰燃烧了夜空,打破夜的宁静,在畲族特有的呐喊声中,迎来了篝火节。两人投入其中,与其他人一起围着火焰跳着唱着。

同样的带有畲族味道的另一种吆喝声传来,镜头过渡到白天的传统嫁娶桥段。在热闹的人群簇拥下,大花轿里款款走出新娘,红盖头掀开一角,新娘半遮着面,欲语还休。女孩看着眼前的景象,想象着自己正成为新娘。

● 缘者·照心——老年人
重点画面:千佛山、茶园

"咣——",洪亮而悠长的禅院钟声从远处传来,每一声撞击声都会惊醒不同的人们,也让一对老夫妇停下脚步。千佛山,香火袅袅,人烟不断,这对老夫妇与无数有缘人一起,虔诚地向着信仰走去。

漫山遍野的杜鹃花盛开,水中的莲花绽放,茶园一望无际,这对老夫妇投入其中,与人们一起采茶,享受着晚年乐趣。

合:
具有感召力的音乐响起,多组画面快速扫描:各种光影游移、各种云层翻滚、各种山水倒影、各种四季变幻、各种美食土味、各种纯朴笑脸。

一个个孔明灯在湖面上升腾,不同的人群面对冉冉升起的希望许下心愿。

小男孩骑在爸爸的脖子上,高高地举着心爱的木制玩具;

背包客放下相机,放下行囊,感受这份静谧;

老年夫妇也牵起了手,并将目光转向孔明灯;

年轻伴侣依偎着,用手做出"心"形的样子,并拿着定制的丽水印章"盖"在上面。

镜头推进,盖章处出现丽水的LOGO。

湖州煤山：用色彩，描绘城市面孔的丰富和多姿

湖州长兴煤山镇，可以说是全国城镇发展的模范：现有大小企业600多家，其中规模以上企业69家，主导产业包括新材料（耐火）、新能源、新型建材、电子电容等，拥有天能集团、南方水泥等同行业领军企业。

再看看它的成绩单，更是让人赞叹不已：煤山镇先后荣获全国综合实力百强镇、全国重点镇、全国卫生镇、国家级生态镇、中国十大特色名镇、中国"改革开放30周年30个最受关注乡镇"、省级中心镇等称号，连续多年跻身湖州市工业强镇。

所以，这次煤山镇希望借助短视频的形式对自身有一个系统的形象推广。旅游专题片、招商宣传片、成果汇报片相继登场。

在旅游专题片中，通过跟客户沟通，我们以"五彩"为概念，将当地旅游资源及特色产业进行布局，形成以下框架。

开篇：区位优势。

（1）红色煤山（铁军精神、盘丝洞、非遗）。

（2）绿色煤山（宜居、生态、环保、旅游、农业）。

（3）金色煤山（科技、产业、富民、宜乐、招商、体育文化、购物中心）。

（4）青色煤山（太湖石廉文化引出政府清正廉洁、作风扎实、效能优良、企业文化、村级组织、政府新大楼、便民服务中心、杰出人士）。

（5）蓝色煤山（煤山梦之蓝——未来发展前景、规划蓝图、幸福生活展望）。

（注：本创意申屠、曹铮、季焕然亦有贡献。）

文案如下：

一座城，

用坐标，定位三省通衢的便利和快捷，

又用色彩，描绘出城市面孔的丰富和多姿。

出标题：五彩煤山。

(1) 红色煤山。

这里是铁军故里,被称为"江南小延安"。

80平方公里的绵延山区,以新四军苏浙军区司令部旧址为中心,星状分布着昔日的红色足迹。

行走古道,触摸时间的留痕,昔日战鼓似乎还在耳边回荡,今日仍让我们热血沸腾。

铮铮铁骨,千锤百炼。18处新四军旧址,就有18个铁军故事。

红色文化走廊串联的不只是地理,更是穿越时空的记忆。

时间穿梭,带走的是浮华,带不走的便成了永恒。

吴承恩作为地方县丞,游察乡间,探访盘丝洞,构成了《西游记》的灵感来源。

白岘布龙,作为极具当地特色的龙舞,在十番锣鼓的调节下,时而滚龙,时而穿阵,变化多端,传承至今。

以面具为艺术造型的傩戏,八种角色便有八种扮相,独特唱腔,伴着锣鼓,成了人们探讨原始宗教鬼神文化的索引。

芥茶,中国第一历史名茶,作为明清时的贡茶,复杂的制作工艺早已失传,留传下来的只有那份独有的鲜活。

无论音乐还是舞蹈,无论技艺还是医药,非物质文化遗产坚守千年,如同鲜活流动的城市文明,构成了这座小城独有的精神财富。

(2) 绿色煤山。

不动声色,娓娓传承。

煤山,有着红色基因,更不失江南本色。

煤山,是属于山的,连绵的山赋予这座城不一样的品格;
煤山,是属于水的,大大小小的水流淌着江南的乡愁。

借山水风物与历史对话,与时代对话,

煤山在时空的生命坐标中,不断焕发新的面貌。

这里是新农村的样板,更是生活的美好家园,
奏响的是"全民共创,全民共享"的幸福乐章。

山之灵秀,水之邈远。
20多座水库滋养一方水土。
煤山充分调动这块土地给予的珍贵养分,成就自己,并影响时代。
这里毛竹林立,错落起伏,
自然盛装下,迷人的度假村项目呼之欲出。
亿万年地质变迁,塑造出地貌的千奇百怪,金钉子、神奇的古生物钟,揭示出大自然远古的造化。

(3) 金色煤山。
大自然的慷慨为煤山留下了宝贵的自然财富。
煤山把这种财富作为根本,又赋予自身新的内容和时代特征。
当这座传统的工业强镇搭上科学发展的快车,呈现的便是时代的同步,是灵性的升华。
这里是新能源产业的福地,以天能集团为代表的企业,扮演着不可或缺的重要角色。
这里又是新材料转型升级的阵地。长兴第一个国字号产业园便诞生于此,承载着经济发展的希望。
发展工业经济,不忘守护绿水青山。以湖州南方水泥为代表的新型建材,成为发展与环保并重的典范。
作为"中国节能灯电容器之乡",煤山电子电容业不断发力,向LED、新能源、电器配套方向转型,上下游产业链延伸和新型光源的开发迈进。
如火如荼的新兴产业,又不乏高端装备制造业的身影。未来,它们将成为煤山镇工业经济高速发展的全新增长点。

这是传统与新兴的思考,这是工业化与信息化的融合,它所创造的是工业奇迹,引领的是煤山速度。

(4) 青色煤山。

速度的背后离不开文化的深度。

中国石文化,水天一色。煤山石文化,更是蕴含禅机。

作为中国古代四大玩石之一的太湖石,其石质坚硬且色泽清白,不但向世人呈现着它的稀有,更寄寓坚贞和清白,与廉政教育有机结合,将无形变有形。

在这里,太湖石廉文化渗透到各个层面,延伸到组织的方方面面,构成了作风扎实、效能优良的真实写照,形成极具煤山文化特色的良好风尚。

太湖石廉文化,在城市发展中涂下浓墨重彩的一页。

重商重教的城市文化,在市场经济下更有了生动的表达。

这里不仅走出了杰出的企业家,

这里还走出了哈佛大学教授,走出了中科院院士,走出了属于煤山的骄傲。

(5) 蓝色煤山。

铁军精神永流传,人才辈出谱新篇。

这是一座城市兴盛的梦想蓝图。

没有历史负担的煤山,未来有着无限的可能。

时任浙江省委书记的习近平,曾两次来到这里,对这里寄予厚望。

交融并蓄,吐故纳新,责任担当,共生共荣,

把独有的财富沉淀在心里,把目光投向未来。

用五彩刷新精彩。

煤山

政府成果汇报

据报道,陆川在拍摄世博园中国馆宣传片《历程》时,90%的时间都花在改剧本送审上。一部8分钟的宣传片却经历了100多稿的修改。当进行国家表达和政府表达时,很多时候要更加谨慎。目前上至中央政府,下至地方政府,利用视频宣传的意识抬头,短视频发展形势一片火热。

根据内容,政府类视频主要包括以下类型:招商引资、汇报总结、奖项评选、项目推介。撰写文案时一定要注意以下三个原则。

政治性:个性表达让位于政治任务。文案在政策上要响应国家号召,要有政治高度。如果是汇报片,一定要突出成绩。

完整性:不能缺胳膊少腿,负责各板块的分领导比较多,都有功劳,谁的成绩也不能埋没。所以客户提供的素材一般会比较多,而且给的资料总是不全,再加上客户没有太多时间看方案,所以需要打持久战。另外,很多这一类视频,如果是成果汇报片,一般少不了党建和社会责任的内容。

严谨性:用词讲究,要有历史感、岁月的沉积感,可以华丽务虚,一定不能小清新、小文艺。文案不能产生歧义,要经得住推敲,不落人口实。

在满足以上条件的基础上,尽可能条理清晰,并加上适当的发挥。

另外,在具体画面表现上要注意:

(1)适当运用排比句,会感觉大气,更有节奏。

(2)数字尽可能用字幕形式出现。太多的数字读出来味同嚼蜡,没有任何感觉。所谓视听语言,既要听,也要视。

(3)同期声。重要领导讲话,尽可能用画面同期声的形式,会比较饱满。画面中,尽可能安排一些代表人物的画面同期声。

(4)多种句式、多种手法组合运用。长句与短句结合,韵律感就出来了;虚与实结合,立体感就出来了。

(5)事物背后一定要融入思考。没有思考,就会停留在表面,无法深入,内涵就出不来。

宜兴市残联十二五工作纪实:助残,筑梦

这是宜兴市残联关于十二五"助残奔小康"的一部工作汇报片。在此之前,有若干家影视制作公司参与了提案。大家都知道,现在市面上非常流行讲故事。但遗憾的是,很多公司为了创意而创意,为了故事而故事,虽然故事讲得生动,但忽略了该片的政治性。换句话说,讲故事没错,但要看怎么讲,毕竟这是政府汇报片,基本调性不能丢。

幸运的是,我们的提案刚好吻合了客户的想法,不传统也不夸张,而是在主旋律的基础上微微来点小创意、小巧思。

客户发来的资料可以说是地地道道的纪实文字,对这类原始素材一定要学会速读,快速抓取精髓。

随后,我们给出了这样的提案:

(注:本创意夏涛亦有贡献。)

一、创作理念

残疾人是一个特殊的群体,对他们的状态,人们往往不会留意或故意忽视。但每一个残疾人都是折翼的天使,他们也都有一个奔向幸福生活的小康梦。

该片将浓浓的社会担当、薪火相传的责任融入其间,让观众感受到残疾人事业意义的深远。

同时,我们不仅呈现宜兴市残联十二五期间的工作成果,更希望通过该片,让观众感受到宜兴市残联的特色。

二、主题:《助残·筑梦》

天地万物的生长,有着四季的序列,序列的背后是自然的伟力;

残疾人事业的发展,有着其完整的生态,良好生态的背后是宜兴市残联的"筑"力。

我们以"筑"为切入点,延伸到各个章节,每个章节分别代表阳光、土壤、雨露、空气,并最终走向自我实现的未来,从而立体地勾勒出一幅画卷:

政策保障·筑屏障

机构建设·筑根基

文体助残·筑活力

信访维权·筑和谐

教育就业·筑未来

三、风格调性

打破传统的灌输式的信息堆砌,加入一点点故事,一点点情怀,虚实结合。

每一篇章先抛出问题,说明工作的艰巨性,继而以"人物口述+旁白"的形式解决问题,更引起观众的关注和兴趣。

宏大叙事与局部叙事结合。局部叙事主要是生动的细节、代表性的个人和案例,既立体饱满,又呈现人文气质,同时还起到以小见大的效果。

四、框架结构

引子:(以讲故事的形式切入,以触动人心的画面开场)

他们和其他人一样,不该是社会的弃儿,

为他们插上爱的翅膀,他们,本该是社会的宠儿。

城市欠他们一个位置,

我们欠他们一个家。

以爱的名义出发,

筑梦,在路上。

(出标题:助残,筑梦——宜兴市残联十二五工作纪实)

政策保障·筑屏障

政策先行,保障领路。

政策保障如同阳光,面对各种不确定因素,如何让更多残疾人享受各类保障,从而兑现政策利好?

该部分将展示政策倾斜,爱心屏障,全线出击,层层落实,层层到位。

穿插人物口述:谈绿色通道,或最有成效的具体举措,或最大亮点。

机构建设·筑根基

这是一种如火如荼的节奏,更是一种不断深化的力量。

上行下效,上率下行。机构建设如同土壤,面对方方面面的需求,如何夯实残疾人服务体系建设的根基?如何解决最后一公里的问题?

该部分将展示创新的康复教育结合模式,对国内一流康复机构资源的整合,为残联事业走向深度打下基础。

穿插人物口述:如何有效提升脑瘫儿童就读普通幼儿园和小学的能力。

在攻坚破难,以上率下的实践中,涌现了无数个体现责任担当的动人细节(可采访中心的部分负责人)。

文体助残·筑活力

三分建设,七分管理。

如何促进残疾人身心健康,从而有效融入社会?

这一部分注重精神领域的提升,通过丰富多彩的文化活动和体育赛事,让残疾人与社会互动,呈现他们良好的精神面貌。

穿插人物口述:紫砂文化助残的相关细节。

有代表性的残疾陶艺人,展现个人成长经历。

信访维权·筑和谐

让残疾人有效融入社会后,同样会遇到信访维权问题。

如何有效维护全市残疾人的合法权益?

在这里,残疾人被关爱,更需要被尊重,更需要维护自己的合法权益。

在这里,以人为本奏响了和谐发展的主旋律。

该部分将从组织机构和工作机制两个层次,阐述如何让信访维权落地。

穿插人物口述"解决在萌芽,化解在基层"的具体做法。

教育就业·筑未来

阳光、土壤、雨露、空气。

残疾人身心健康、全面发展,并走向人类需求的最高层次:自我实现。

面对严峻的就业形势,如何提升残疾人生存能力,让他们有用武之地?

这一部分通过促就业扶创业、培训竞赛、专题招聘等多种形式,采用"培训—实训—就业"的服务机制,为残疾人构筑未来。

穿插人物口述:创业就业的先进做法,创造良好的就业生态。

有代表性的技术标兵或技术能手展示。

片尾:

时代不断赋予残疾人事业新的课题。在各种新与旧的碰撞中,在各种目标与落实的开展中,在各种实干与探索的实践中,宜兴市残联正不断唱响残疾人幸福生活的时代强音,并努力蹚出一条具有宜兴特色的路子。

遥远的地平线,让脚下的土地充满想象空间。

我们看到,每一项行动的落实,都是一粒火种;每一粒火种,都有希望燃起整个梦想。

一座有责任担当的城市,一副更加生动的面孔,一份意义深远的事业,必将迎来更加辉煌灿烂的明天。

分析:

提案给出了主题+框架+合乎逻辑的诠释,其实就是给出一种感觉。一点点故事,一点点情怀就够了,毕竟不是微电影,过犹不及。其中,标题"助"与"筑"刚好谐音。

注意:

一定不能简单地复制素材内容,而是要体现提案方的想法。

提案通过后,正式文案出炉。

引子:(以讲故事的形式切入,以触动人心的画面开场,黑白特写慢镜+字幕)

他们是折翼的天使,

比常人更渴望爱和温暖。

为他们插上爱的翅膀,

为他们撑起一片蓝天。

人人都可以给他们一个家。

以爱的名义出发,

筑梦,在路上。

(出标题:助残,筑梦——宜兴市残联十二五工作纪实)

政策保障·筑屏障

这是一段充满变化和挑战的征程,

这又是一条牵动无数人心的道路。

政策保障如同一缕阳光,将残疾人的小康进程逐渐照亮。

面对各种不确定因素,如何让更多残疾人享受各类保障?宜兴市残联从医、教、养、居、行等多个层次进行探索,并做到了全方位的保障,一列列数据便是他们交出的答卷。

残疾人有其普遍性,更有其特殊性,从而造成工作的复杂性。无论是身体残疾,还是精神智力残疾;无论是低保重残补贴,还是重度残疾护理补贴,针对各种情况,残联都让"残有所养"实现全覆盖。

(字幕:发放低保重残补贴5660人次626万元。发放重度残疾人护理补贴4743人次497万元,救助三、四级精神智力残疾人3554人次261万元。享受无固定重残、一户多残、以老养残特困救助人数达4094人,2015年发放救助金额达到2351万元。)

为贫困白内障患者实施免费复明手术,为0~6岁残疾儿童实施抢救性康复,为7~14岁残疾儿童实施康复训练救助,这只是残联康复救助的一个缩影,更多行动的落实让"残有所医"真正全方位实现。

(字幕:实施贫困白内障患者免费复明手术2260例。0~6岁残疾儿童抢救性康复334人次,7~14岁残疾儿童康复训练救助39人次。贫困精神病人门诊服药救助3573人次151万元;住院救助204人次59万元。为612户贫困残疾人家庭进行无障碍项目改造,发放各类残疾人辅助器具6099件。为1028名贫困听力障碍患者进行助听器适配补贴。为1535名贫困残疾人提供免费体检。)

教育是残疾人自立自强的根本。从少年儿童15年免费教育,到高中教育补贴,再到各种高校、盲校学生交通补贴,每一个有就学能力的残疾人都能受到相应的教育,这是"残有所教"全到位的有力写照。

(字幕:累计为高中以上残疾学生实施教育补贴401人次99万元。为江浙沪以外就读的全日制高校新生一次性发放5000元交通补贴、外地就读盲校学生每年发放2000元交通补贴。为全市有学习能力的28名失学残疾儿童提供送教上门服务。)

残疾人的居住和出行同样不容忽视,残联通过一系列举措,大到危房改造,小到爱心卡的发放,努力推进"残有所居"全落实、"残有所行"全实施。

(字幕:全市255户贫困残疾人家庭改造危房。)
(字幕:全面落实残疾人免费乘坐城区和城乡公交车政策,全市发放1.28万张"爱心卡",每年乘车减免车费超过250万元。)

机构建设·筑根基

这是一种如火如荼的节奏,更是一种不断深化的力量。

上行下效,上率下行。面对方方面面的需求,如何解决最后一公里的问题?

机构建设如同土壤,肥厚的土壤才能夯实残疾人服务体系建设的根基。

机构建设，人才先行。高校学习、理事长培训等为人才队伍建设注入了活力。

村镇联动，一脉相承。在市级专业服务机构全面建成并良性运行的基础上，把镇级残疾人安养院和社区卫生服务中心康复站建设作为"博爱家园"双基工程，从而充分发挥出残联的桥梁纽带作用。

（字幕：在训人员273人，接受康复服务1127人，各镇集中托养残疾人285人。）

除了自身机构建设，宜兴市残联更通过多种合作模式，开创性地为残疾人量身打造康复机构，从而让"人人享有康复服务"成了最为真实的写照。

康复中心：残联与全国脑瘫诊疗权威机构佳木斯康复医学院合作，重点为我市脑瘫儿童康复提供有效服务。合作以来，康复中心探索实践了残疾儿童康教结合模式，先后为150人次脑瘫儿童提供了康复服务，有效提升了他们就读正常幼儿园和小学的能力，同时让更多残疾儿童看到了光明。

（字幕：白内障患者免费复明手术2260例。）

（字幕：0～6岁残疾儿童抢救性康复334人次。）

对于自闭症儿童，这里采用香港"彩虹模式"，力求教育理念和管理模式与国际接轨。同时整合利用社会资源，丰富教育内容，结合孤独症儿童康复特点，与市内多家幼儿园构建了"交流互动、沟通共享"模式。

（康复中心机构负责人口述：谈中心的定位和特色，实现了经济效益和社会效益的同步发展。）

农疗中心：秉承香港新生康复会的先进理念，开设了田间劳动、手工制作、运动保健操、烘焙、太极拳和花卉种植等课程，是社会了解残疾人的示范窗口。这里更通过菜地认养、义卖等多种形式让精神病康复者亲自种植的蔬菜进入百姓家庭和机关食堂，从而让他们的社会融入能力得到明显提高。

（字幕：为1340人次精神病康复者开展活动180次。）

文体助残·筑活力

生命需要土壤的物质基础,更需要雨露润物细无声的滋养。

如何用文化的雨露滋润身心,从而让残疾人充分释放活力,进而有效融入社会?

2014年,我市首次将残疾人比赛纳入市八运会。395名残疾人参加了7个大项、72个小项目的比赛,充分展示了他们奋勇拼搏的风采。这只是一个缩影,更多体育赛事屡获佳绩,大大促进了残疾人体育竞技事业的健康发展。而以文艺汇演为代表的文化活动同样异彩纷呈,构成了一道道靓丽的风景。

如果说文化、体育是软实力的体现,那么紫砂文化助残则是宜兴特色的彰显。

在这里,残联搭台,社会参与,残疾人唱戏。

在这里,一个社长、一个社团、一个公司让社会瞩目。

(采访社长:谈项目的出发点或初衷,表达希望。)

为了进一步提升残疾人的素养,通过大师结对帮扶,聘请汪寅仙等10位省级以上大师为顾问,取得了不俗的效果。

为了进一步扩大影响,先后组织残疾陶艺人奔赴福州、台湾、澳门等地进行交流活动。

(字幕:江苏省残疾人文化创业示范基地。)

独具宜兴特色,又不失市场化运作,既让残疾人的产品商品化,又让残疾人的影响力最大化,从而实现了残疾人融入社会的软着陆。

信访维权·筑和谐

融入社会,便有了向外界表达的机会。

如何让残疾人被关爱、被尊重,让他们的合法权益充分落地?

在这里,三级维权网络形成了一张密集的网,专门设置的信访维权办公室让事事有回音;

在这里,首席律师定点守候,副理事长亲自挂帅,件件有着落。

用专业力量保驾护航,用实效精神步步为营,"矛盾不上交,解决在萌芽,化解在基层",信访维权奏响了和谐发展的主旋律。

(字幕:共计为318名残疾人提供法律援助。)

(字幕:累计处理各类来信来访来电1511件。)

(字幕:12345热线满意率100%。)

教育就业·筑梦想

阳光、土壤、雨露、空气,这一切让梦想的实现成为可能。

面对严峻的社会形势,如何提升残疾人的生存能力,让他们有用武之地?

这是一个严峻的命题,也是一个发人深省的命题。

为了让残疾人在更大意义上绽放人生光彩,残联探索构建了"培训—实训—就业"相对接的服务机制,累计开办陶艺、按摩、SYB(创业培训)、农村实用技术、岗位提高培训及工美本科和大中专学历培训等。在全国残疾人示范基地,涌现了无数个体育能手、技术标兵和创业之星,发挥了良好的示范效应。同时,通过与企业的牵线搭桥,无数残疾人走向就业岗位。

(字幕:实训基地7个,各类特色班74期,受训2152人次,就业率达80%,盲人按摩就业率达100%。)

(字幕:国家级残疾人职业培训基地。)

(字幕:省级残疾人职业培训示范基地。)

(字幕:139家福利企业集中安置残疾人就业7157人。)

在实现自我价值的同时,更多残疾人不忘本色,融入"残人助残"的浪潮中,以反哺社会的姿态为小康进程注入了时代内涵。

片尾:

(习近平:2020年全面建成小康社会,残疾人一个也不能少。)

时代不断赋予残疾人事业新的课题。在各种新与旧的碰撞中,在各种目标与落实的开展中,在各种实干与探索的实践中,宜兴市残联正不断唱响残疾人幸福生活的时代强音,并努力蹚出一条具有宜兴特色的路子。

遥远的地平线,让脚下的土地充满想象空间。

我们看到,每一项行动的落实,都是一粒火种;每一粒火种,都有希望燃起整个梦想。

(社会各界的口述串联:推进残疾人小康进程,人人有责,从我做起。)

一座有责任担当的城市、一副更加生动的面孔、一份意义深远的事业,必将迎来更加辉煌灿烂的明天。

八里店镇 2017 年共建文明城镇：
一群人、一座城、一个梦

本片是成果汇报类的纪录片。

纪录片往往有着恢宏而精良的画面，然后配以庄严而肃穆的解说，是一种富有美感的纪实片。跟传统宣传片相比，纪录片时间比较长，所以要注意以下几点：

(1)内容上要突破表面，挖掘内涵。

一位纪录片导演说：他们的故事就是我的金矿，我必须贪婪。《舌尖上的中国》没有停留在美食的表面，讲得更多的是乡愁。

所以本片也没有停留在成果汇报上，讲的是一群人、一座城、一个梦的故事。

(2)风格上注重时空跨度、人文气度、时代高度。相比传统宣传片，纪录片更像是艺术作品。

(3)节奏上讲究慢条斯理，娓娓道来。

(4)表现形式多样化，一定要有同期声来见证或还原。

(5)结构清晰。

文案比较常见的结构是总—分—总。另外，不管采用什么结构，一篇文案的开篇非常重要。如果开篇有感觉，就成功了一半。

开篇不仅要对全片作总述，更要巧妙引出主题。

再来看一下该片背景：

湖州八里店镇 2017 年 3 月镇领导换届，新的领导班子新的姿态，短短几个月便取得了令人瞩目的成绩，年底要进行成果汇报。客户提供的素材都源于其公众号，信息非常碎片化，需要按纪录片的形式进行整合提炼。

另外，我们不仅希望通过该片梳理成果，更要升华精神，表现出背后这支"铁军"的精气神。

（注：本创意朱明龙亦有贡献。）

迈进新时代，建设新强镇
——八里店镇 2017 年共建文明城镇纪实

引子

历史的发展总是伴随着某种契机，经过不断演变而滚滚向前。尤其在新一轮经济发展的机遇面前，也总是因为一股或多股力量的介入，从而推动着整个进程的加速。

作为东部新城建设的主阵地、主平台，八里店镇这块热土，一开始便被赋予了神圣的历史使命。

而当时间定格在 2017 年，一个注定不平凡的一年，它的发展注入了一股新的生命力，它的使命也被进一步放大。

3 月份，一个重要的历史时刻，全镇 27 个行政村村委会圆满完成换届任务，接下来，八里店镇便以此次换届为起点，乘着"湖城向东看"的发展春风，掀起新一轮的造城运动，这支队伍也因此被称为"铁军"。

几个月过去了，这支铁军又向我们交出了怎样的答卷？

走进八里店镇，这里道路干净宽敞，社区整洁优美，市场繁荣有序，城市功能完善，新城韵味扑面而来。

这是一段砥砺奋进、真抓实干的进程，上下同心，全力以赴；

这又是一段向时间要效率，用青春书写豪迈的进程，主动作为，敢于担当。

一群人、一座城、一个梦。

这是你我共同开启的新时代，这是你我共同创造的新强镇。

（出标题：迈进新时代，建设新强镇——八里店镇 2017 年共建文明城镇纪实）

（1）征地拆迁，创和谐。

陆家坝，一个美丽的乡村。道路通畅，环境优美，看上去似乎和其他千千万万个乡村一样平静,然而,几个月之前,这里正在进行着一场声势浩大、摧枯拉朽的战役。

3月14日,八里店镇开始了"三改一拆"攻坚行动。公安、执法、机关干部共200余人参加。此次行动共拆除建筑面积625平方米,打响了湖东西区拆迁第一炮。

作为全市拆迁清零主战场和湖城东扩前哨站,陆家坝是一块硬骨头,遗留问题多,人流量大,给工作人员带来了巨大的挑战。

(厉海斌同期声:这次是市委市政府下了巨大决心打的一场大战役,是城市化进程中一场辉煌的战役,每一位组员都应庆幸能够参加这场世纪之战,这将会是我们人生中辉煌的历程。)

上下同心,全力以赴,立下军令状,十年历史遗留问题,誓必30天解决。
部署工作,拆迁谈判,现场拆迁,铮铮铁军奋战在攻坚清零一线。

一座座斑驳层叠的灰色建筑在机器的轰鸣声中颓然倒地,伴随旧有建筑一起倒地的便是束缚发展手脚的旧有框架。为了啃下这块硬骨头,工作人员齐心协力,迎难而上。遗留问题上,19户攻坚任务15天率先完成100%签约,20天拆除清零,提前夺取全面胜利。

7月13日,市委宣传部组织开展了一次深化"走转改",聚集"改造清零"集中采访活动,深入陆家坝村,实地探看城中村改造攻坚现场。挖掘机在拆除一间间旧房,79户征迁对象全部签约清零。

首战告捷后,7月21日,工作人员又召开城中村改造攻坚和建设项目遗留问题清零专项行动第二阶段推进大会。一定要与自己作战,要战胜自己,这是精神的核心。勇者必胜的亮剑精神、迂回曲折的谈判技巧、以情制胜的人文关怀、不计得失的默默奉献,正在他们身上不断演绎。

以礼促拆,以情促拆,以势促拆,新的蓝图正在绘就。既营造了严肃的拔钉态势,又形成了和谐拆迁的攻坚氛围。

入户谈判,腾空拆除,每一个成员冲刺在一线,不折不扣执行7+7、白+黑、全天候工作模式,争分夺秒开展工作。摸清底数,吃透政策,真诚交流,和谐签约。

3个攻坚大组,6个攻坚小组,24位成员,在执行工作时强化队伍互补和整体支撑,不抛弃,不放弃,最终取得丰硕成果:2017年以来,共依法拆除小企业小厂房等违章建筑超1万平方米,城中村正在换上新颜。

在这场城中村改造的战役中,同样少不了公建配套设施的优化和跟进。

随着东部新城建设力度的不断加大,医疗卫生服务需求快速增长,医疗资源配置已不能满足辖区群众不断增长的医疗卫生需求。八里店镇卫生院去年下半年确定扩建项目。今年开始动工,拟对门诊大厅、输液室、医疗处置区等进行扩建。新增建筑面积438平方米,总投资262万元。完成后,将大大改善居民就医环境,提高服务效率,并将达到中心镇甲等卫生院标准要求。目前,该院荣获群众满意的乡镇卫生院等多种称号。

在这样加速的推动下,八里店镇正在华丽转身。随着村民们搬迁项目顺利推进,城中村正在消失,现代化的基础建设,一应俱全的公建配套,让这片土地焕发新颜,一个几代老百姓期盼的安居梦正逐渐成为现实。

(2)环境整治,创文明。

幸福文明的宜居小镇,永远离不开环境的综合整治。实施环境整治,是提升城市颜值、构筑城市腾飞的跳板。但乡村的环境整治同样涉及多个部门,沟通周期长,效率低,加上接缝处的盲点,造成工作的错综复杂。

紫金桥,一座魅力集镇。映入眼帘的是整齐划一的街道、停放有序的车辆、安全畅通的集镇道路。今天的紫金桥有了新的定位,那就是:頔塘风情,商贸小镇。然而,与这种新形象形成对比的是,过去的紫金桥空中管线复杂,环境绿化缺失,乱停车现象严重,流动摊贩随意占道,建筑质量参差不齐。一切变化都归于由内而外的环境整治。

紫金桥的环境整治工作有着先天的不足:施工面窄、开挖点最多、人流量最大。面对这种情况,八里店铁军首先成立一个指挥部、两个现场办、三个攻坚组,实行攻坚组每日一会商,指挥部每周一例会,进度表半月一晾晒,镇班子每月一巡查四个一推进机制。

担当赶超,决战678,提速再加码。每一个人都以"稳、准、狠"的韧劲一步一个脚印向前挺进。前期锁定7家企业和28户农房,实行一领导一团队,一企一户一方案,责任到人。

但环境整治,不仅仅是对环境的提升,更是顺应群众对美好生活的期待。

因此,这支铁军在雷厉风行的同时,更问需于民,问计于民,问效于民。上下一心,全民发动,引导群众参与整治全过程,凝聚全社会各方力量,形成了全民共建、全民共享的良好氛围。

在这种氛围当中,涌现了无数个感人的细节,成为街头一道道风景:

这是一支专业找茬的执法城管。尽管烈日把皮肤烤得生疼,他们也要穿上制服,奔波在大街小巷,坚持在各自的辖区内徒步检查,耐心纠正每一处市容违章。流动的摊贩劝走了一批又来一批,而在劝说过程中,有时还会受到摊主的威胁。面对这种情况,他们不退缩,而是耐心讲解,最终换来众人的理解。

而作为颜值担当的女城管,更让城市愈发美丽。整齐的步伐、飒爽的英姿,边疏导乱停乱放,边讲解法律法规,她们通过柔情执法,让城管工作更有温度。

在人来人往的大潮中,有民间自发的红马甲老年志愿者,有酷暑中维持交通秩序的交警,也有退休不退岗仍然奋战在一线的"老炮儿",他们为环境整治工作写下了浓墨重彩的一页,城市因他们而多情。

八里店铁军打通了环境整治的任督二脉,通过持续亮招,用行动交出完美答卷:各社区累计开展大小整治35次,共清理楼道80多个,清除各类张贴广告113处,共同推动城市文明的建设。

在文明创建的过程中,有一支红色的力量格外引人注目。6月24日,首个村里的党建广场在章家埭村启动。这意味着一支红色力量正推动八里店镇党建＋服务惠民、党建＋发展富民、党建＋村风文明样板区的打造。从硬环境到软环境,幸福宜居小城跃然而出,文明之花处处绽放。

(3)安全稳定,创平安。

守一方热土,保一方平安。平安是检验一座宜居之城的重要标准,同样也考验着一座城市的执政水平。

为了推动平安建设,八里店铁军重视平安建设知晓率、平安建设群众参与率、群众安全感满意率,以平安铺陈出幸福的底色。

为了防患于未然,提升全体队员灭火应急处置能力,森林消防中队组织森林灭火实战演练,三伏天里穿棉袄,地面温度38℃,这已经成了常态。

为了消除交通安全隐患,确保道路安全畅通,派出所民警顶着滂沱大雨,在电闪雷鸣下进行执法,这也成了家常便饭。

为保护居民群众的财产安全,全面夜巡时代正式开启,舍一人安逸,保一方平安。夜幕下这群不打烊的执法人员,正是城市最可爱的人。

(4)引进项目,创繁荣。

湖州辑里丝:一丝穿八钱而不断。

2017年3月7日下午,被称为世界丝绸之源的钱山漾文化交流中心开园,在这里,7个展厅各有重点又相互联系,是了解湖州丝绸历史,进而知晓丝绸外传后对世界影响的窗口。自开园以来,这里共接待国内外游客××万人次,向世界很好地讲述了中国丝绸故事。

除了发挥自身优势,打造项目外,八里店镇更通过引进项目,来创建城市的繁荣。这里有东部新城最大的健身俱乐部,有农产品物流集散中心,有移沿山游艇码头,也有微农业。无论平台打造,还是工业制造,以及农商旅融合,宜居的小城创造宜商的环境,伴随东部新城的开发,伴随文明城市的创建,越来越多的项目被吸引进来。

片尾:

一张蓝图绘到底,埋头苦干抓项目。

目前,八里店镇3所学校吴兴实验中学、吴兴实验幼儿园、枫叶国际学校已投入使用,优质教育资源持续集聚。从幼儿园到小学、从初中到高中,从选址到建设,从迁入到引进,更多的人文资源集聚新城,这一所所学校正悄然蜕变,让教育事业展现华丽篇章。

未来,首条准快速路将在年底开建,从凤凰直通八里店,可有效疏解老城拥堵,成为贯穿东西的大通道,有利于完善城市快速公交系统。

与此同时,沪苏湖铁路今年开工,长三角铁路建设再掀高潮。建成后,从上海到湖州的时间将由现在的2小时左右缩减至1小时。

大时代,大变迁。八里店将继续着眼自身独有的区位、生态、人文等资源禀赋,乘着"湖城向东看"的发展春风,以改革创新为驱动力,推进社区管理成街,助推东部新城加快崛起。

未来的八里店镇,既有繁华之城,又有美丽田园,这样的进化,将重新熔铸人们对生活、对城市、对世界的思考和想象。

一群人、一座城、一个梦,八里店铁军的造城故事仍在不断续写。

分析:

内容上,不仅仅停留在工作汇报上,讲的更是一群人、一座城、一个梦的故事。立意升高了。开篇运用多种句式:问句、排比句,长句、短句,不显呆板。

具体文案写作应该注重以下几个方面:

(1)文学性。

虚实结合,虚的成分加大。很多人说电影的最高境界是哲学,其实纪录片也是,能引人深思、启迪人性的才是好纪录片。政府汇报片虽然要考虑政治性和严谨性,但同样可以把枯燥的内容变得有看头。

(2)张力。

拉一张弓箭的时候,会产生相反的两股力量:拉力越大,阻力就越大。写文案也一样,阻力越大,越能体现人物的高大形象。张力就出来了。

(3)亮点。

每一篇章一定要产生一两个亮点,比如特定的事件,然后按时间轴展开叙述,交代事件的来龙去脉。一定要运用一些具有描述性、画面感强的文字,达到以理服人、以情动人的效果。

(4)节奏。

纪录片的整体节奏是比较缓慢的,但在里面表现具体事件时,要体现快节奏,制造紧张感,这样才能有悬念,才能有对比,才能烘托人物的高大形象。

湖州煤山：再出发，一张蓝图绘到底

细心的读者会发现，我们前面已经展示了煤山的旅游宣传文案。伴随着如火如荼的城市建设，煤山取得了丰硕的成果。所以这次的宣传片着重点是建设成果的汇报。目的变了，文案的角度也就变了。但一定要遵循政治性、完整性、严谨性三个原则。

（注：本创意申屠、曹铮、季焕然亦有贡献。）

文案如下：

这里，是"江南小延安"、新四军故里，孕育着希望与梦想。
这里，是浙江的西北门户，有着三省通衢的便利和快捷。
杭长扬高速公路穿境而过，这里将成为苏浙皖省际"第一站"。

激活潜能，蓄势待发。
一座有品质、有风貌、"生态宜居、创业创新"的省际精致小城市正呼之欲出。

（出标题：迈上新台阶　建设新煤山）

生态煤山　秀山丽水

青山抱城廓，绿水绕人家。
连绵的群山赋予这座城坚韧的品格，奔流翻卷的浪花则是江南的乡愁。

（字幕：山岕水库）

作为合溪水库的水源保护地，绿色已然成为煤山发展的风向标。近年来煤山狠抓"五水共治""三改一拆""四边三化""两路两侧"等行动，涵养水源、生态林建设、水土保持、清水河道等一件件大手笔次第展开。

这里，生态产业和生态经济不断释放新动力；这里，如火如荼的美丽乡村建设更成为一道亮丽的风景。

粉墙黛瓦,民风淳朴。这是一个美丽中国的乡村样本,不仅坚定文化自信,对传统建筑、村落和人文遗产应保尽保,更以加快经济发展为中心,积极提升村民生活品质。村办企业很大程度上拓宽了农民收入的渠道;绿色天然农副产品大大鼓起了农民的钱包;各种文体活动室滋养了良好的社会风气。

(字幕:仰峰、尚儒、三洲山、抛渎岗)

环境做加法,民心做乘法。在"全民共创、全民共享"的理想乐章下,在全面提升城镇发展质量的新蓝图下,"美丽"两字正不断嵌入煤山人的幸福生活。

宜居煤山　幸福家园

善弈者谋势。煤山以"一城两翼三走廊"为空间布局,以新型城镇化之"势"开启三大门户格局。在这里,以综合特色为主的煤山主城区,以太湖石小镇为特色的访贤绿色生态功能区,以新四军小镇为特色的新槐红色文化功能区,共同构成煤山城市蓝图的底片。

高起点规划意味着在更开阔的平台上创造更大的奇迹。煤山规划、建设、管理"三驾马车"同时发力,现代化、网络化、高效化正成为煤山的有力写照。义务教育、就业服务、医疗卫生、文化、体育、保障性住房等城镇基本公共服务正覆盖全部常住人口。

在这里,煤山以"网络化、动态化、精细化"的管理方式,全面提升镇区环境,达到"洁、绿、美、亮、序"。同时,通过智慧煤山的探索,逐步推进社会安防管理、镇区面貌管理、镇区交通管理等智能化管理建设。一座遵循当代城市发展规律、惠及全体人民的现代化城市正在煤山落地生根。

创业煤山　强镇富民

这是一方不断刷新速度、创客创造奇迹的热土。

作为长兴县唯一一家省级乡镇工业园区,煤山高新产业园区凭借良好的集聚效应,吸引了众多重量级企业的目光,并收获了"省级中心镇、全国重点镇"等荣誉。今天,依托杭长扬高速和301省道的带动作用,一条金色产业带正加速崛起——

这里是新能源产业的福地,以天能集团为代表的新能源企业,在环保节能时代扮演着不可或缺的重要角色。

这里是新材料转型升级的阵地,长兴第一家国字号产业园便诞生于此,承载着经济"腾笼换鸟"、供给侧改革的希望。

发展工业经济,不忘守护绿水青山。以湖州南方水泥为代表的新型建材,成为发展与环保并重的典范。

作为"中国节能灯电容器之乡",煤山电子电容产业不断发力,向LED、新能源、电器配套方向华丽转身,朝新型光源研发基地迈进。

无论是风生水起的战略新兴产业,还是高端装备制造业,金色产业带所创造的不只是财富,更是整个煤山的未来。

创新煤山　蓝海未来

创业引领,创新驱动。从传统业态到电商平台、创客空间,煤山新产业、新技术、新商业模式、新业态不断涌现和发展,一系列漂亮的组合拳横空出世:落后产能加快出清,为新动力腾出足够空间;培育龙头企业,为新动力选好发展支点;以"互联网+"提升传统产业,打造"煤山智造"。

创新风起,盛宴不落。煤山紧紧抓住自主创新这个"牛鼻子",在迈向高水平全面建成小康社会的征程上高歌猛进。

再出发,一张蓝图绘到底

铁军精神永流传,人才辈出谱新篇。

习近平总书记在浙江工作期间,曾两次来到这里,对煤山寄予厚望。

迈上新台阶,建设新煤山。镇村美、经济强、百姓富、社会和、党建好。传承着伟大梦想的煤山,把独有的财富沉淀在心里,将目光投向未来。

美丽新煤山,扬帆起航正当时。

高校(培训机构)招生

每到高校招生季,各大高校及专业宣传片便开始纷纷出炉。对于普通高校,其宣传片是在五色杂陈中调一杯灵感鸡尾酒,还是在二次元的世界来一场精神飙车?如何接地气又不俗气?短短的三分钟,如何用文字来表达高校的精气神呢?

笔者在《商业宣传片私作品:文案、创意、策划》中分享过,过去我们在叙事上总带有沉重的历史负担,总喜欢在历史的钩沉中表达一种内涵和实力,所以很多视频总是充满了沧桑和厚重感。比如,北京大学最早有一部宣传片《光影交响曲》,其实做得挺好的,一直作为国内高校视频的标杆,但直到有一天遇到了宣传片《耶鲁大学》。人们才发现,原来宣传片还可以这么做,还可以这么好玩,还可以这么脑洞大开。

其实,两部片子都很经典,一个沧桑厚重,一个轻松活泼,没有孰高孰低,毕竟传播目的不同。两者可以说是硬币的两个面。

接着,北大不甘心遭人诟病,又制作了《女生日记》《男生日记》,玩起了腔调。后来又出了《星空日记》,里面还请来了知名人士,可谓大制作。

这时,清华大学坐不住了,于是玩起了一镜到底。

其他高校也不甘落后,展开一轮又一轮的吸睛大战。

再后来,到了复旦大学这里,宣传片出问题了。因为抄袭事件传得沸沸扬扬。

可以说,名校有各种玩法,他们也根本不愁招生,本身就是一个金字招牌。但问题是,对于普通院校,尤其高职院校来说,招生宣传片该怎么构思?在笔者看来,策划的切入点有很多,但需要明确以下两点:

第一,受众不一定是学生,很多时候受众是家长,由家长来择校,家长更想看到一些实实在在的东西,虚的东西不一定能引起家长的注意。

第二,受众即便是学生,也不一定喜欢二次元的东西。据调查,学生最想知道宿舍里有没有空调,所以也没必要为创意而创意。

总之,高校宣传片构思方式很多,但一定要结合实际和学校的优势亮点,而不是一味套用模板,尽可能做到唯一性和不可复制性。

宁波职业技术学院：和而不同，因你而荣

背景：宁波职业技术学院位于北仑区。学生毕业后一般在当地就业。当地也有不少大企业，包括500强企业，学院之前拍过宣传片，思路是以成功创业的学生为主线，以采访＋工作写照作为主要内容，拍得也不错。但这次想要找寻一个新的思路，主要目的是招生。

在笔者看来，无论是高校还是企业，其最核心的价值便是其组织文化，这是它的基因，无论怎么发展，组织文化一般是不会改变的。

该校虽然曾做过不少宣传片，但没有一条是围绕学校文化展开的。在他们校园的各个角落经常看到"和而不同"四个字，这就是他们的文化。

我希望从这里进行切入，然后带出学校的各个亮点。

和而不同，体现的是一种包容的文化，我想到了在人力资源学上的四种人物类型。

根据著名的PDP性格测试，人类主要被分为四种类型：

老虎型性格人群有自信，够权威，决断力高，竞争性强，胸怀大志；

考拉型性格人群很稳定，够敦厚，温和规律，不好冲突（耐心型）；

孔雀型性格人群热情洋溢，好交朋友，口才流畅，重视形象，擅长人际关系的建立；

猫头鹰型性格人群很传统，注重细节，条理分明，责任感强，重视纪律（精确型）。

我们对此进行化用，将其转变成四类代表性的学生。

（注：本创意孙勇亦有贡献。）

以下是文案：

一、创作思路

宁波职业技术学院的核心文化是"和而不同"。因此,本片以"和而不同"作为主题,选择四个有代表性的学生作为主角贯穿全片。他们有着不同的个性,但在宁波职业技术学院,他们的潜能都得到充分发挥,让观者能从四个角色身上找到自己的影子,从而引发共鸣。

学生 A:充满自信,爱挑战,爱运动,学生会干部,从他身上体现学校的基础设施。

学生 B:新疆少数民族,性格温和,师生关系融洽,从她身上带出学校的配套设施。

学生 C:爱跳街舞,热情洋溢,好交朋友,从她身上引出学校丰富的社团活动。

学生 D:学霸,爱读书,爱钻研,从她身上体现学校的教学设施。

二、画面表现

采用人物接力的形式。通过巧妙设置相同的场景,将镜头从一个人身上转移到另一个人身上。

三、语言风格

亲切自然,轻松活泼。

四、文案构思(初稿)

每天,这里和其他地方一样,伴随着城市醒来。
每天,这里又总有一刻,呈现出别样的风情。

有人说,宁职院因北仑而生;
也有人说,北仑因宁职院而多情。

这里,你能感受到世界500强的快节奏;

这里,你也能感受到学子们活力奔放的节奏。

(画面引出在跑步或打篮球的男生 A,继而带出其他运动设施)

在这里,你可以和他一样自信,

勇于挑战,超越自我,

尽情施展才能,

尽情挥洒梦想。

(A 同学正在和其他学生会干部进行商讨。伴随同期声)

(A:这次系里举行的活动意义非常重大,希望各位同学都能做好自己的分内工作,让我们一起加油。)

(转场:A 和其他同学在贴海报,镜头转向路过的 B)

当然,每个人都有自己的天分。

你也可以像她一样找到属于自己的另一种节奏。

可以细嚼慢咽一顿可口的饭菜,

(食堂打菜画面)

也可以躺在宿舍,娓娓道来一个有趣的故事;

可以和师生们一起感受集体的温暖,

也可以打破单调,感受舞台上的动感。

(转场:由舞台上的街舞表演,将镜头转向爱跳舞的女孩 C)

都说,青春就是折腾。

如果你爱表现,爱热闹,爱交朋友,

那这里又是另一番天地。

(各种社团活动,伴随女孩同期声)

你总能找到自己的兴趣所在;

你总能发现不同世界的丰富多彩。

而多彩的世界总会有两面,

有动,也有静。

(女孩进入图书馆寻找图书画面)

(转场:镜头转向旁边正襟危坐,认真看书的学霸D身上)

就像每一个人,

有的可以凭着艺术特长鹤立鸡群,

有的却可以凭着学术钻研独占鳌头。

你可以像他一样,

不仅学到书本知识,

更能掌握实战新技能。

这里是学校,

这里似乎又是企业。

身临其境,如同走进世界500强的车间,

不仅能长知识,还能脑洞大开。

在这里,每个人都可以根据自己的职业测评,挑选适合自己的专业。

在这里,你不需要每天背负着庞大的未来及别人的期待。

这里很大,大到可以包容不同肤色的文化。

(字幕:学员分布世界五大洲)

这里很小,小到只是每个人的第二个家。

每个人都可以发声,每个人都可以代言。

你将和他们一样,不仅快速成长,更能收获梦想。

(走向工作岗位的成功校友集锦)

和而不同，因你而荣。

宁波职业教育学院。

案例截图：

浙江工业大学之江学院：青春不设限，才会精彩无限

背景：浙江工业大学之江学院近几年刚刚从杭州转塘迁到绍兴，校园很新，所以规划很棒，自然景观很美。这次他们希望做一条用于招生的宣传片。

在沟通时，校办主任提出了以下问题：第一，学校想要展示的内容太多太碎，如何进行贯穿？第二，二级学院很多，亮点也比比皆是，如何浓缩在一条短视频中？

带着问题，我们在学校逛了一遍，发现了教学楼上醒目的校训，其中一句是：敢为人先。接着在沟通时，客户也强调说，该校非常注重创业创新。所以主题诞生了，那就是：敢为人先。

接着我们对所有亮点进行梳理，发现了一个非常有视觉表现力的亮点：阳光长跑。据说，每天都有很多学生一起跑步。既然这样，我们就把阳光长跑作为该片的视觉主线。一开始1个人，接着2~3个人，再接着7~8个人，最后一群人。他们跑到各个角落，带出各个篇章。

但一条主线有点单薄，我们再进行挖掘，发现学校空气格外清新，红色教学楼在绿树掩映下熠熠生辉。于是我们就把从早到晚的光影变化作为另一条线。而且我们发现，学校大门口的钟楼非常漂亮，很有意境，所以就把钟楼放在开篇与结尾。

视觉主线有了，但大量的旁白如同一盘散沙，还需要一条文字主线。既然主题是"敢为人先"，那就围绕"敢"字做文章，语句要有"敢"的影子。这样，主题就做到了高度集中。

整个结构：校园环境及配套（吃住）——二级学院（学）——背后学校的平台

支撑(创)——社团文化(玩)

（注：本创意孙勇亦有贡献。）

编号	画　　面	旁　　白	备注
(1)	晨曦，大门口的钟楼特写（意象表现：有补拍）。 大门口展示，仰拍（天空流云延时）。 一个人开始在湖边奔跑。 光线开始在学校各个角落游移。	每个人心里住着另一个自己，敢于发现自己，这是一场全新的旅程。	
(2)	光线移到其他建筑，富有层次的光影变化。	可以与光影对话，让江南的灵动对得起如水年华。	
(3)	湖边，一名女孩正在朗读英语（同期声）。	可以与一片湖水相约，让每一次成长对得起每一份付出。	1名女生
(4)	桥上，艺术专业的学生正支起画架写生（航拍）。		5～6名男女艺术生
(5)	镜头移动，扫过自行车棚，两个好友开心地击掌，并骑着自行车远去。		2名男生
(6)	带出其他运动镜头：体育馆网球场、台球室等。	敢于挥洒汗水，让矫健的身影对得起四年的充实。	2名打台球男生
(7)	食堂延时摄影。 两三名女生吃饭特写。	敢于舌尖PK，让美味对得起挑剔的口味。	2～3名女生
(8)	男生宿舍，几个室友围在一起，弹着吉他。 女生宿舍，几个室友做着手工或开心聊天。 （镜头透过窗户过渡到室外）	敢于分享快乐，让同窗情对得起家一样的温暖。	3～4名男生，3～4名女生
(9)	两三个人奔跑在图书馆前，主角挥手示意后面的同伴跟上。 绿树仰拍穿行。 学校航拍。	每一次勇敢的探索，都意味着一场新的突破。	
(10)	建筑三维体验课。	敢于拥抱前沿，让不一样的体验为课程增光溢彩。	1个班的学生及1名老师

续表

编号	画面	旁白	备注
(11)	建筑艺术空间快速扫描,一名学生专注地做着模型。	敢于独树一帜,让各国风情建筑尽收眼底。	1名做模型的女生
(12)	机器人、机械制造、小车模型等操作性强的课程。	敢于动手实践,在有趣好玩中充分释放个性。	师生若干
(13)	模拟法庭。	从0到1,每个人都在经历蜕变和升华。	
(14)	人文社科课堂,外教与学生互动。	敢于发问,让良好的互动对得起自己对于未知的探索。	师生若干
(15)	图书馆长廊,英语角,学生们侃侃而谈的日语角(日语同期声)。		1名外国人,学生若干
(16)	ACCA班中英文教学。 字幕:近400名学生到国外知名大学深造。	敢于踏出国门,让欧、美、日多个大学的培养项目对得起求学的渴望。	师生若干
(17)	悠扬的音乐声传来,某建筑前,一名学生正拉着小提琴。 (配小提琴音乐)		1名女生拉小提琴
(18)	七八个人从林荫大道上跑过,其中一名男生争先恐后地从后面跑到前面。		
(19)	博雅读书(学生齐声朗诵同期声)。		3～4名男女生
(20)	之江云学生热线(咨询互动)。	我们感受你的"敢"受,提供平台为你解决后顾之忧; 更鼓励你敢于担当,在给予中释放自己的价值。	2名男女生
(21)	湖边,太阳伞下的椅子上,一名老师正拿着商业计划书指导学生。	我们洞悉你对将来的期许,用最大努力让你找准定位。	1名老师,3～4名学生

续表

编号	画面	旁白	备注
(22)	前面骑自行车的同学,镜头扫过创业园门牌。 创业咖啡馆扫描,几名学生一起加油。 字幕:每年备案在册的大学生创业团队近 80 支,近 1000 名学生参与创业活动。	更鼓励你敢于放飞自我,实现自己的梦想。	
(23)	一群长跑的学生从桥的一端开始出现在眼前。		
(24)	各种社团活动扫描:茶艺、轮滑、戏剧、室内拉丁舞。 室外图书馆台阶舞蹈。		
(25)	前面展示的多个画面快速集锦(不同角度,人物特写为主)。 穿学士服的学生在林荫大道上发出欢声笑语。 一群穿着学士服的学生在校门口外摆着各种姿势。	人生剧本,你将决定它如何开始,如何讲述。	
(26)	夜晚,聚贤楼灯光秀:活力之江。	青春不设限,才会精彩无限。	
(27)	延时摄影,再次回到钟楼和大门口。 一群学生从多个方向汇聚,一直跑到校门外面。 镜头掠过大门上空,定格。		20 名左右男女生
(28)	LOGO 落幅+字幕。	敢为人先,成就不一样的你。 浙江工业大学之江学院欢迎你。 Welcome to Zhijiang College of Zhejiang University of Technology	

案例截图：

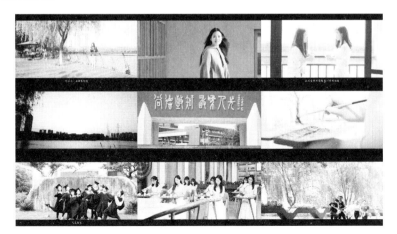

北大青鸟招生宣传片：生命何以出色，因为你就是主角

新的高校招生改革试行后，不光高校忙着拍摄招生宣传片，各培训机构也加入了这一行列。

跟北大青鸟（珠海）沟通时，我们了解到他们主要培养IT紧缺人才，脑海中马上想到金色朝阳产业，看了下网站，发现他们的标准色是蓝色，在各个教室体现得很明显。自然环境也很美，据说是珠海五星级的校园。

于是，笔者决定从颜色上进行创意，并最终挖掘出一个概念：出色。

关于开篇，很多机构都喜欢讲行业背景，一开头就喋喋不休，乏味至极。笔者决定颠覆传统，通过一系列时尚的画面来吸引观众眼球，以极佳的代入感取得不俗的效果。最终，客户几乎一字未改就采用了我们的方案。文案如下：

（注：本创意肖睿亦有贡献。）

他们运作智慧，游走于代码的世界；

他们光鲜亮丽，穿梭于繁华的城市。

IT白领的自信，不只是来自多年职场的历练，也不只是来自学识的渊博，而是来自出色的职业教育。

出色，源于本色。

走进北大青鸟，便走进了IT的殿堂。

1. 浪漫绿•每个人都是一道风景

浪漫之城，理想校园，这里连接了城市的宁静与繁华；

绿树掩映，水土交融，一座独特的楼宇更撑起了它的风骨。

在这座诗意栖息之所，莘莘学子汲取着智慧，每一个身影都为世界增添光彩。

在这座国家五星级校园，配套设施齐全，24小时全程监控，每位学子都能安

心地学习、快乐地成长。

2.精英蓝·每个人都是一座宝藏

别人只看学子们的能力,我们却看到了他们的潜力。无论是初中,还是高中文化程度,无论中专还是大专毕业,每个人都能选择与自身水平相对应的课程,每个人都能获得国家认可的文凭证书,真正做到从0到1的教育。

IT教育的本质,来自创新的品质。我们运用翻转课堂式教学,让学子们在课堂讨论,解答,回家在线听课。

我们深知,征服职场的利器,从来不只是成绩,更是人格。我们用青鸟文化校正学子们的人生坐标,并在全国首创EQ情商教育模式,打造多元化教育体系,让每个学生不仅能驾驭IT技术,更能驾驭自己的人生。

(学校荣誉可以字幕的形式出现在各个教学设施空间)

3.朝阳金·每个人都是未来主角

专业如金,笃行致远。我们不仅提供IT教育,更为学子们的未来提供一站式服务。

今天,我们已经和百度、网易、华为、360安全卫士、方正科技、腾讯等大型公司进行合作,为毕业学生提供了一个良好的就业平台,同时也为政府机关单位、国有企业、国内大型上市公司等输送了大量人才。

每个人都是发光体。

每件作品都是他们最真诚的表达。

从学校到就业,他们找到了适合自己的发声方式,活出了自己的不可替代。

已参加工作学员采访:(略)

正在就读的学员采访:(略)

学生父母采访:(略)

未来,是IT的世界;未来,IT改变世界;未来,IT创造世界。

(杨校长面对镜头特写):你!准备好了吗?

在校学生分别回答：

我准备好了！

我准备好了！

我准备好了！

生命何以出色？因为你就是主角。

珠海北大青鸟。

农业匠心视频

也不知从何时开始,"匠心"的概念一夜之间铺天盖地,从国家到企业,从央视到地方媒体,各种口径言必称大国工匠精神。

此时,众口不再各执一词,匠心已成为各行各业的共识。

百度搜一下匠心视频,也是多如牛毛。

对于影视从业人员来说,这样的视频最容易出彩,最容易拍出腔调。所以你会发现,这类影片的画面都很精美,要么是白发苍苍的老者拿着工具在那里凿来凿去,不达目的誓不罢休,要么是年轻帅哥展开图纸,目光专注,在镜头冲光的营造下把技术变为沉淀的艺术,要么拉一帮意见领袖来共同见证……

诚然,匠心的本质是精益求精,是专注敬业,但匠心精神一旦由演员刻意表演出来,刻意摆拍出来,就成了不折不扣的广告。画面虽美,只能打动广告人。即便观众叫好,但也很难买单。

工业有工匠精神,农业有农匠精神。

作为第一产业,农业与食品安全直接挂钩,更应该打造从田间到餐桌的匠心之旅。

那么,如何写这类文案?

在内容上,如果用一个词来概括,那就是:原。

原点——原产地、原生态、原材料。

原法——原始农法种植及加工工艺,不施农药等。

原律——慢节奏,跟随时节慢慢生长。

原色——面对喧嚣,不失绿色这一本色。

原本——生活原本就该这样，顺应时节，倡导积极的价值观，推动行业发展。

在表现手段上，一定少不了人。一定要有人，真实的人，才有人情味，而不是一般演员来演。有匠心特质的人做出来的产品不会错。人们一般先相信人，才相信产品。这个人还长着一副朴实的面孔，就更要加分了。

另外，虽然我们想要传达的是匠心，但字里行间最好不要出现这个字眼，一旦出现，效果立马打折扣。记住：你想传达的思想一定要由观众说出来，而不是自说自话。

龙额火山茶：稀缺为见，一品不同

中国茶很多，这款茶一听名字就很稀罕，所以我们的主题就围绕"稀缺"二字。为了更好地铺垫，开篇我们就通过问句的形式营造一种神秘气息。

匠心离不开匠人。片中穿插了创始人林招水先生的口述。

（注：本创意范范亦有贡献。）

（神秘音乐响起，唯美意境画面）

万年时光，是什么可以接受远古的封藏和洗礼？

东海福地，是什么可以接受万物的供给和滋养？

火山造就了稀有的土壤，

稀有的土壤成就了稀有的茶。

（出LOGO）：龙额火山茶。

茶有其源

时光流转，岁月变迁，北纬28°到30°，诞生了许多奇妙的自然景观，也留下了无数的文化遗产。

而在同一个纬度，玉环火山茶基地同样蒙着一层神秘面纱。这里离东海海岸线仅百米，土壤不仅富含硒、锌、铁、钾、钙等矿物质微量元素，更是世上稀缺的天然有机土。

肥沃的万年火山灰土壤，那是来自岁月的珍藏；

独特的海岛晨雾，那是来自顶级好茶的密语。

稀缺的自然条件，让每一棵生长在火山岩缝隙间的有机茶树，从萌芽伊始就饱含这片神奇土地的元气。

（字幕：全球目前发现仅有三个地方生产海岛火山茶，韩国济州岛的海岛火山雪绿茶、印尼爪哇岛的海岛火山爪哇茶以及中国浙江的玉环海岛火山茶。）

今天，基地联合中国茶叶学会和浙江大学，让一片片绿叶带着地心的记忆开始走向另一段旅程。

茶有其法

林招水先生口述：

我曾拜访了世界300多个优质茶园。我坚信大地是有生命的，好茶一定是种出来的。这十年来，我只做一件事，那就是在火山上种茶。

一般的茶树，都会或多或少喷洒农药和除草剂，这肯定违背了健康好茶的本质。好茶是没有捷径可走的，我们坚持用最原始的"自然农法"，通过人工和物理手段，把杂草和树叶变成天然的有机物，有机质一天天发酵分解，把火山灰土壤提升为有机肥沃土壤，让火山茶成为有生命的火山红。

茶有其魂

"西湖出龙井，东海现龙额。"将远古的精华沉下来，以一杯好茶的姿态呈现给有缘人。难以复制的稀缺，那是一份人生的犒赏。

林招水先生口述：

我相信，我们生产的不仅是一杯杯好茶，更是中国人关于健康美好生活的梦想。为了弘扬茶文化，我们做了大量的探索和实践，并且取得了不错的成绩。

（穿插画面展示：火山茶科普馆和火山茶书画院，茶文化进校园基地和农民大学生教学实践基地、台州市科普示范基地、市摄影家协会拍摄创作基地、市青少年家园、市生态文明基地、浙江大学茶叶研究所科研基地、浙江大学茶学系教学实践基地、浙江农林大学人文茶学院教育实践基地、国家摄影师拍摄创作基地、中国茶叶学会科普示范基地，同时被农业部和共青团中央授予全国青少年科普示范基地。）

林招水先生口述：

我们立志做"最稀有珍贵的有机茶叶"。广结善缘，打造中国海岛火山茶第一品牌，让"中国红、火山红、红红火火、红遍千家万户"。

中国不能没有世界顶级红茶，中国要发展顶级红茶。

我们承载的不只是这一片片神奇的绿叶，更是顶级红茶的使命和希望。

坚守初心种好茶。与责任担当的最小差距，便是与未来的最大交集。

稀缺为见，一品不同。

龙额火山红

严老伯枸杞：不仅还原自然本质，更用良心考量现实

俗话说："天下枸杞出中宁。"

但剧变的商业社会，难免伴随着乱象的迭生。冒充本地枸杞、硫黄熏蒸、不切实际夸大其词的营销宣传等，都是道德滑坡、信仰缺失的表现。

信仰是理性与信念的产物。缺失信仰的人，没有对自然和土地的敬畏，也就没有了价值标准。

因此，商业社会的高速发展，需要我们每一个人回归到源头，来发现真实，并探寻生命背后的信仰。

正如严老伯，辗转各地，把枸杞技术传播到各个地方，最后又回归到原产地。他前后坚持了 30 年，并严格按本地化种植，不虚夸，不掺假。从他身上，我们看到了一种纯粹、一种执着、一种专注，这些都可以归结为对中宁这片原产地的信仰。这也是本片的出发点。

（注：本创意范范亦有贡献。）

一、创意理念

在十几分钟的时间里，我们将重点展示 5~6 组生活场景，平淡而真实。该片将为观众打开一扇窗，透过这扇窗，观众将会感受严老伯对枸杞种植的执着和专注，同时，将对"信仰"有另一角度的理解。透过画面，观众将深深地体味到弥漫其间的人文气息、乡土气息。更重要的是，让观众对"舟塔严老伯"这一品牌的原产地和正宗深信不疑，有了好的第一印象，进而达到营销的目的。

全片将采用《舌尖上的中国》的风格，以小见大，并以一种记录的形式娓娓道来。

产品即人品。全片在严老伯一点一滴的分享中，将其人格特质也不断散发出来，暗示产品跟人一样诚信如一，本色不减。

二、风格

纪实的美感、朴素、自然。

三、文案框架

网络的触角正延伸到各个角落,过量的信息、过多的选择常常让我们无所适从。而当这张巨网逐渐向理性收拢,一切都不可抗拒地走向原点。土地,千百年来滋养一方人脉的土地,始终留存着大自然所赋予的独特和养分,无论世界变成什么模样,只要回到原点,我们总能发现那最初的动力和信仰。

【严老伯的故事】

这里是中国枸杞的发源地——宁夏中宁县。早在两千多年前,《神农本草经》就对中宁有所记载。因为富含硒土,加上黄河水的灌溉,中宁成为名副其实的枸杞原产地。有意思的是,中宁刚好位于北纬30°~50°的黄金地带,与法国拉菲葡萄酒产地、日本北海道的大米产地、中国五常大米产地同处北温带。

土地因独特的水土而神奇,又因人的耕耘、流转才得以传承并舒展出灵魂。在舟塔乡,严老伯像往常一样走在田间地头,5000亩枸杞园中,枸杞正伸展着枝条,似乎是一种心照不宣的问候。早在明朝,严氏家族便在舟塔乡一带种植枸杞,数百年后,这里的枸杞成为当时朝廷的最佳贡品。村南的茶房庙与黄河北的石空大佛寺,曾经流传过许多有关皇帝、文豪和巨商品尝枸杞圣果的故事。严老伯从1976年开始种植枸杞,后几经辗转,将枸杞种植技术传到青海、河北、上海等地。正当各地枸杞种植如火如荼时,也许是因为对这片土地的眷恋,严老伯却再次回到了舟塔。从原乡到异乡,从异乡到异乡,再从异乡回到原乡,在常人看来,枸杞还是那个味道,但在严老伯那里,却是人生百味。

【采摘】

随着时节的转变,枸杞果正由青变红,在历经三个月冬天、三个月春天的蓄势后,一棵棵枸杞将以新的姿态向世界作出回报。

这是属于枸杞的王国。鲜红欲滴的枸杞果晶莹剔透，映红了大地，也映红了严老伯的脸。6月中旬开始一直到10月是最忙碌的季节。现代化大生产可以解放许多行业的劳动力，却对枸杞采摘束手无策。枸杞枝条纤细多刺，浆果不易采摘，并且青果红果同时存于枝条，间歇式成熟。这样，为了及时采摘头茬果，双手便成了唯一的采摘工具，劳动力成了紧缺资源。

招募老老少少来采摘对别人来说是一个重要课题，而对严老伯来说却早已轻车熟路。多年的威望早已在这片土地上扎下了根，他用当地的方言娴熟地与村民沟通，一场声势浩大的几百人的采摘活动很快就组织起来。在很多人看来，头茬果是最有价值的。但在严老伯看来二茬果才是上乘之选，这就像喝茶，洗茶过后的第二杯茶口味才是最佳的。为了采摘最佳的果实，一年一次的采摘活动就像一条纽带，将四邻八舍的人们再一次拉近。红果点缀了绿叶，人又点缀了果园。手指在枝桠间穿梭，枸杞果与手指轻轻厮磨，一粒粒成熟的果子带着地心的记忆开始走向另一段旅程。

（穿插过磅的画面及同期声）

【清洗】

严老伯总是将刚采好的枸杞果第一时间拿去清洗，一方面降低农药残留，另一方面防止二次污染，让每一颗果子都完整而纯净地饱含着大自然所给予它的鲜甜水分。

【自然晾晒】

从鲜果到干果，枸杞将要完成一场蜕变。伴随社会发展的快节奏，无数枸杞就像流水线上的产品被运往烘干房，最快6小时便烘干完毕。而在严老伯这里，却仍然保留了最古老的自然晾晒方式。在他看来，枸杞是自然对人类的馈赠，这份馈赠理应受到善待。当然，他更清楚，制干水平的高低，将直接影响干果的品质，这对地势、天气、晾晒方式等要求极为苛刻，但更苛刻的是来自内心的那份坚守。

鲜果经脱蜡后均匀地铺在果栈上，厚度2～3 cm，接着开始接受自然的另一番洗礼。在这一期间，严格注意天气，防止霉变或变黑，在果实未干燥前不能随意翻动，接着开始了长时间的等待。这个等待的时间甚至长达 40 天。随着水分的升腾，分子间的排列越来越紧密，这每时每刻的微妙变化也只有严老伯才能体悟得到。因为，他是生产者，也是消费者，更是背后的守望者。

【分级】

当一颗颗红果晒去最后一滴水分，也就完成了从枝头到舌尖的真正意义上的转身。接着，它们通过分级，分别以贡果、特级、甲级的形态亮相。严老伯从来只相信自己的双手，经他双手过滤的贡果个个均匀饱满，红润喜人。

【枸杞酱制作】

正是因为勤劳而智慧的双手，古老的风俗和工艺被顽强地保存下来，成为后人追根溯源的唯一线索。枸杞酱正是这样几近绝迹的传统手工。严老伯小心地将枸杞投入锅中，然后开始加火熬制，蒸汽开始弥散，空气中飘着朴素的甜香，那是枸杞特有的气息。这时候的火力至关重要，太旺容易烧焦，太弱又难熬制成糊。这一锅的黏稠考验的不只是耐力，更是化钢铁为绕指柔的力道与阅历，是一种不可言说的食材与人的沟通。在经过一天一夜的熬制历练后，浓缩自然精华并带有尊贵气息的枸杞酱正式出炉。

【枸杞花蜜】

枸杞酱只是果实的延伸，而对于全身都是宝的枸杞来说，它的花、它的叶都有抵达舌尖的无限空间。枸杞花蜜，让每一朵不起眼的花朵也有了炫耀的资本。花的味道决定蜂蜜的味道。地区不同，味道也完全不同，这正是蜂蜜作为美食的神奇之处。在舟塔严老伯的枸杞园，养蜂人始终相信这里盛产中国顶级的枸杞花蜜，因为花期从 6 月一直延续到 10 月，他不用担心酿不出好蜜，他也不用四处迁徙去追逐花期，他要做的只是虔诚地守候。

【交易中心】

然而对于外地人，尤其那些枸杞收购行家来说，就不能只是等候了。从采摘第一天起，他们就络绎不绝地赶到交易中心，好像是一场默契的约定。

今天，物流和人们的胃口大大加快了枸杞迁徙的速度。越来越多的人明白，要领略最纯粹、最本色的枸杞，必须回到最接近自然、最接近土地的地方。

很多人慕名而来，除了那红彤彤的果子，他们更为严老伯而来。其实，找到严老伯，也就找到了那份踏实。要知道，看上去一样的枸杞，却各有各的门道，这其中的微妙，全映在严老伯那一双火眼里。过去，他将种植技术传播到全国多个地方，今天，那些地方的枸杞果再一次接受他的检验。他用眼一瞧，哪些来自外地，哪些是被硫黄熏红，林林总总的枸杞果一一现真身。这种眼神，源于30年的历练。枸杞的世界里有无数人来来往往，而严老伯的世界里却只有枸杞不来不去的存在、本真的存在。

【农科院PH试纸实验＋口述】

【衍生品，荣誉】

这些枸杞将通过物流进入各个城市，并以多种形态完成最终的旅行。可以成就一锅靓汤，可以酿成一坛美酒，可以泡成一壶养生茶，也可以成为年轻人口中的休闲小食。在严老伯看来，留住人心的，绝不是昂贵稀有的食材本身，而是点滴入馔的关于这片乡土的信仰。正是因为这种信仰，严老伯从来没有被炫目的荣誉证书蒙蔽双眼，而是一如既往地守候着这片土地。

【结语】

严老伯的儿子正准备对新一茬枸杞果过秤，养蜂人正将灌着满满蜜汁的巢础插进摇蜜桶，慕名而来的客人正开心地将枸杞果装上物流车，无数热爱枸杞的人们正在另一端期待枸杞果的到达……而此时的严老伯又顺着原来的路走回了黄河边，走向了枸杞园。这是一个快速发展的社会，无数条路在向前延伸，但总有一条路朴素而真实。这条路秉持了我们千年的信仰。在这条路上，我们不仅还原了自然的本质，更用良心去考量现实。坚持土地的信仰，不迷失，不跟随，与诚信的最小差距，便是与未来的最大交集。

风格调性篇

大气国际化文案

无论是成长型企业,还是那些走出国门的企业,其实都想体现企业的国际化。什么是国际化?要有很多外国人面孔?还是大场面、大制作?

大家比较熟悉的好莱坞风格:富于幻想,美式幽默,个人英雄主义,另外日式的极简风、德国的严谨风,也都属于国际化。说来说去,国际化到底什么样,谁也不知道,或者大都限于表面。那就让我们透过模糊的认知来探究本质。

● 集体价值 VS 个体价值。

可以说,我们一直以来倡导的都是集体价值观,奥运选手往往都是冲着民族荣誉去的,为国争光才能体现价值。

再比如,商业宣传片中,品牌最后一定要上升高度,企业的成绩一定离不开政府、合作伙伴、社会,离不开行业、城市、时代。而片尾也往往是一堆笑脸的汇聚。

而国外更崇尚个体价值,理想主义、英雄主义往往是他们诉求的主题。

拿两部电影举例。国内拍了一部《花木兰》,国外拍了一部《木兰》,同样的人物,却有着不一样的价值诉求。

《花木兰》中,花木兰代父从军,代表的是中国传统的孝道精神和集体意识,而英文电影《木兰》突出的是木兰强烈的个人意识和实现其个人价值的渴望。木兰替父出征的一个潜意识就是她想在相亲失败之后证明自己是一个有用的人,强烈希望可以实现自己的个人价值。

● 含蓄圆润 VS 简单直接。

国人的思维是迂回思维,就好像太极一样,一来一去,而且喜欢滴水不漏,喜欢层层铺垫；而外国人则是单线思维，一条线走到底，适当铺垫，但不会太含蓄，太令人捉摸不透。

● 经验 VS 实验。

我们更喜欢沿袭经验和传统，就好像做一道菜，什么火候、放多少料全凭感觉；而国外更多的是靠数据，靠实验结果说话。德国的厨房往往装满了各种精准的工具和量器，一切做到标准化。

● 宏观叙事 VS 局部叙事。

我们的视频往往喜欢与时代形势同呼吸，喜欢站在一定的高度去表达，喜欢高大上的宏观格局；而外国人更喜欢站在个人视角，从人物内心诉求出发，人物代入感很强。看一看微软、苹果、GOOGLE近些年发布的若干条广告就知道了。

● 诉求多元 VS 诉求单一。

我们在做视频时，总是瞻前顾后，总想兼顾所有受众，放之四海而皆准，但大而全的结果往往是降低了艺术性。国外就比较纯粹了，诉求单一，没有什么负担。

虽然现实中很难做到真正与国外相同，但可以中和一些。少点集体表达，多点个人表达。西方元素＋东方文化、中方立场＋西方表达不失为一条路径。

亚厦集团：走过每个时代，才能走在时代前面

亚厦是做建筑装饰的上市公司，在全国同行中排名第二，这次视频的受众是其客户和员工，要求能体现他们的特色，更能体现他们的企业文化，即精诚、至善、创新、完美。

风格上要求体现大企业的低调、诚恳和谦逊，不能夸夸其谈式地自我贴金。

为了让表达内容更清晰，我们把工业化探索作为叙事的主线，带出四大板块

的与众不同,同时彰显了企业文化的四个方向。

更重要的是,我们采用低调的语句,而不是常规那种冠冕堂皇的语言进行讲述,同时采用局部叙事,通过员工来讲述,用数据和实力说话,而不是荣誉奖状满天飞。

(注:本片创意陶冶、安丽娜亦有贡献。)

(引子)
以精诚之道对话城市内涵,
以至善之心凝聚向心力量,
以创新之智缔造卓越品质,
以完美之愿开拓行业未来。
这是一段属于亚厦的旅程。

聚焦客户需求,推动行业发展。早在20世纪90年代,亚厦就率先开始了工业化探索,不断赋予自身新的内容和特征,不断追寻属于自己的制高领地。

(精诚)
亚厦把精诚融入工作的每一个细节之中,你也许看不到,却能时刻感受到。

(口述:从每一块木材、每一块石料开始,一直到现场施工,我们发挥了各环节的协同效应,全流程严格把控产品质量,并可追溯。)

(字幕:承接工程质量合格率100%、单项工程优良率一直保持在90%以上,质量零投诉。)

全产业链运营,实现生产线与施工现场的无缝对接,亚厦从根本上保证了装饰成品的生产品质。一体化格局的形成,为项目顺利进行提供了完善而周全的保障。

(口述:亚厦是建筑装饰行业工业化开创者,20年来,我们坚持不断地探索提升,不仅推动自身的工业化建设,更是提升了整个建筑装饰行业的工业化水平。)

　　一座城市是一种无形的情绪的集中,更是一种文化默契的定型。任何建筑形态都会直接或间接地与人产生关系。亚厦始终致力于将生活态度和建筑表情进行融合,从材料运用到外形设计,努力与周边环境达到完美契合。

　　(口述:我们始终坚持以最专业的设计团队,为客户提供最优的解决方案。作为设计师,要为客户考虑,要站在更高的视角审视自己的工作,这就是我们正在做的事。)

　　(字幕:450余名专业设计人员,北京、上海、重庆、青岛等地分支机构。)

　　(创新)

　　如今的亚厦正创造性地探索工业化道路,充分释放全产业链竞争优势,一步一步地开创"大装饰"时代。

　　(口述:通过一系列的手段,给我们的客户提供绿色的、环保的、舒适的、智能的、全新的装修体验。)

　　亚厦人始终以国际化的视野,追逐着智慧与技术的碰撞,将精品化的理念铭刻在每一次超越之中,时刻坚持高度的责任感和使命感,向精致、精细、精品发起更新的挑战。

　　(至善)

　　当工业化的巨网逐渐收拢,冰冷的机械与建筑终将让步于服务和管理的本质。如何在宏大的体量中传承最初那份细腻?亚厦始终坚持与内心直接对话,将诚信的因子融入血液。

　　(口述:在项目实施的时候,我们就会以丰富的行业经验去配合客户,帮助他们来制定有效的成本控制方案,看到我们的努力最终得到客户的肯定,是一件非常值得自豪的事情。)

亚厦始终坚持以人为本的柔性企业文化。

口述1：一个企业最重要的就是可以让员工找到自己的价值所在，可以让员工在一个积极的平台上不断去成长，亚厦给了我这样的归属感。我也希望把自己最好的一面奉献给亚厦。

口述2：我来亚厦已经有十多年了，我用诚信来对待客户，对待身边的每一个人。

（完美）

我们以精诚为圆心，以技术和服务为指针，不断画出更大的圆。

与精诚的最小差距，便是与完美的最大交集。

亚厦始终满怀"技术改变生活，服务创造和美"的愿景，做城市化进程的推动者。

亚厦，选择完美。

（片尾：展示历史发展及资质成果）

案例截图：

超威：以和合之名，向梦想致敬

很多人会发现，有蓄电池的地方，就少不了一个品牌的影子，那就是：超威。其代言人甄子丹那充满力量与刚毅的形象更是深入人心。

超威的迅猛发展形成了超威现象，现象的背后离不开独特的企业文化，那就是和合文化。

和合文化内涵非常深厚，涉及科技创新、战略布局、员工培养、绿色责任等多个方面，并融入每一个子公司、每一个人、每一个产品、每一个细节。

而这其中很重要的一块便是企业家计划。无论员工、专家、经销商，还是合作伙伴，都能通过该计划成为集团合伙人，进一步推动企业的发展壮大。

所以他们的视频希望能传达"梦想秀"的概念，通过成功的个体来传递梦想，传递和合文化，从侧面反映出集团的实力和格局。

如何传递这样一个抽象的概念？超威曾制作过很多条视频，但语言大多较为官方，中规中矩。我们认为该视频应落实到"人"身上，一切都围绕人进行展开，让形而上的和合文化不再高高在上。同时，更注入一些感性和思考的力量，把一个有思想的、值得尊重的超威和盘托出。

（注：本创意张涛亦有贡献。）

超威宣传片之梦想秀篇

你可能不知道，超威用16年时间完成了传统企业30年的成就；

你可能不知道，超威现象的背后是35万亿的市场规模；

你更不知道，超威成功的核心其实不是产品，而是人。

生命的伟大在于心中有梦。

无论员工、专家、经销商，还是合作伙伴，

我们通过企业家计划，
让生命个体得到成长，
让梦想落地生花。

吴建方总经理：1998年，超威刚刚成立。那时，我只是一名普通的一线工人，直到今天，我都感觉在做梦，是超威让我遇到了新的自己。

（字幕：山东超威电源有限公司总经理，员工3000余人。）

柴成雷总经理：过去，我跟很多经销商一样，每天围着店，合计着每天的销售额，有时还提心吊胆。是超威给我打开了一扇门，原来，我也可以成为一名成功的企业家。

（字幕：河南超威电源有限公司，年销售额达数十亿，员工6000余人。）

孙延先总经理：我是技术出身，如果跟我谈论锂电技术，我很在行，但是管理，我不懂。但集团很有耐心，给我充足的时间去锻炼，所以我想说：只要你相信自己，你一定能。

（字幕：浙江创元实业有限公司总经理，销售过亿。）

资源共享、共同发展、互惠互利、长期共存。
企业家计划折射出浓厚的和合文化。

和合文化，因超威而生；
超威，因和合文化而多情。

和合文化早已融入血液，成为超威的魂魄。

没有和合文化，企业再庞大也是空架子；
没有企业家计划，文化再强大也无法落地。
我们相信：世界上只有一种资源不会枯竭。

所以,我们用和合文化作为驱动力,

推动企业家计划,激发人类智慧,

从而在人的大脑中挖掘出生生不息的大森林。

(包括电商在内的各种成果展示)

未来,超威致力于成为全球新能源行业的伟大企业。

我们坚信,在这伟大的构成中,注定有千千万万个企业家,千千万万个您。

煽情走心文案

在我们的文案微信群中,经常有小伙伴反映,他们的文案已经写得很用心了,字字句句都挺温暖动人的,也用了第一人称,像朋友一样与受众对话,没有任何炫技成分,但为什么客户却说读起来寡淡无味呢?经过诊断发现:他们的文案没有做到唯一性,没有跳出文案素材,没有深刻呈现品牌背后的价值观,而只是停留在表面,写成了通用万能胶型的文案。

记住:

客户也能说出来的不是好文案,而你不能只是搬运工。客户表达不出来,但潜意识里有某种渴望,你用文字写出来,让他眼前一亮的,才是好文案。

写文案,既要有宏观描写,也要有细微呈现;有感性诉求,也要有理性说服;有长句,也要搭配短句。有远有近,一张一弛,立体饱满并且有节奏地展现品牌魅力,言客户所不能言。

我们很多人言必称C2B,那么在字里行间又如何做到以消费者为中心?都说品牌最终的营销就是价值观的营销。那么,如何用精妙的文字把品牌的价值观说透?

很多东西,眼睛是看不到的,只能用心去寻找。就好像一名差劲的摄影师,喜欢依赖机器、灯光和化妆,而出色的摄影师会抛开这些,他会通过人物的眼睛抓住人物的开心和狂热、孤单和冷漠。

如何写出煽情走心的文案?大概需要注意以下几点:

● 去广告化。

要像朋友一样与受众对话,有亲密感,才有人情味。

有一本书《公关第一，广告第二》不知大家有没有看过，这里面有一个非常形象的说法。广告就像风一样，大家在听到或看到广告的时候，就会把大衣裹得紧紧的，警惕性非常强，所以在写文案的时候，一定去广告化。

最好用第一人称。

● 要讲品牌背后的内容。

对于品牌，不能停留在表面，不要只说你的产品多么多么好，大家见的东西多了，对产品本身并没什么兴趣。受众感兴趣的是名牌背后的诚意。你是怎么脚踏实地做这件事的？你的格局、你的使命、你的愿景及价值观，通过文字很形象地把它勾勒出来。文字应该有宏观的描写，也一定要有细微的呈现；要有感性的直白，也要辅以理性的陈述。

● 不能炫技，不能教育人家，否则让人不舒服。

大家从小到大被教育得太多了，被灌输得也太多了，你不能通过文案再去教育大家，这样只会引起大家的反感。

● 用词一定不能太尖锐。简单朴实，通俗但不庸俗。

文案要少用无用的形容词，这会让人感觉空洞。多用一些简单质朴却充满哲理的文字表达。

盛缘轩：感恩之心，常驻我心

盛缘轩是杭州一家高端足浴店，最早从萧山起步，已经有20年发展历史了。但他们非常低调，没有大肆宣传，也没有疯狂扩张，而是坚守一份匠心，做稳做实，因为口碑极佳，所以顾客盈门。

这么多年，他们把精力都放在用心服务上，企业文化方面提炼并不多，这次值20周年庆之际，他们想做一条宣传片，让新老顾客都能完整地了解他们，并希望传达一种走心的感觉。

但问题来了，对于足浴店，无论规模大小、实力强弱，在画面呈现上是很难感觉到区别的，看上去都差不多。所以，画面无法表现的内容只能借助文案了。

如果按照常规思路，文案往往是这样子的：

（开篇：唯美意象，手法特写，艺术呈现。）
以柔，化解疲惫；
以刚，传递正气；
以心，知礼感恩；
以合，诠释生命。
——亚健康调理专家，杭州盛缘轩健康管理有限公司。

1. 源于道，天人合一
秘藏道法自然，感悟天人合一。
点滴细微传递崇高，平凡善举铸就华彩人生。
我们缘起岐黄之术，秉承健康本源，传承唐代养生手法，以未病先调的理念，立志成就新时代"经典"品牌。今天，我们已发展成一家以提供养生保健理疗服务为主，涉及纯中药绿色保健药品开发、身体健康咨询、人体健康管理等领域的现代民营企业，经权威机构估值，企业资产规模已达到3个亿。

2. 精于技，妙手生辉

一双双妙手，张弛有度；

一条条脉络，舒畅无阻。

我们结合经络的走行之谜、中医的调理之髓，借一双双妙手将正气灌输于人体的脏腑、气血之间，重培精、气、神、元，为顾客提供点、按、摩、针、灸、药、足底反射疗法、经络疏通、周天药浴、刺血疗法、正骨疗法等中医康复调理之术，成为顾客身心愉悦、缓解压力、调理亚健康问题的绿色家园。

3. 践于行，风生水起

多年来，我们牢记安身立命之所在，不断保持与城市的对话，又不忘对内心的探索。经过十八年的发展壮大，我们已拥有几十家直营店和加盟店，成为华东地区最优秀的养生保健企业之一。这不仅仅是地理的坐标，这更是口碑的见证。作为健康养生产业的有力践行者，我们多次被中国商业联合会评为全国五星级足疗会所，成为时代最为生动的写照。

4. 成于思，异彩纷呈

站在时代的前沿把握养生产业的未来，站在养生的高度思考时代的走向。我们不断探索开发并以疗、养、调的度假酒店模式定位未来，还将创建幸福家庭化的私人保健团队及APP网络预约上门服务。在这里，顾客享受的不是技术是艺术，员工感受的不是企业是家业，我们一直致力于将它打造成为有志之士展示才华的平台，积极向外开展技术交流和技术培训等活动，并与业内权威机构达成全面合作，为公司日后发展储备足够的尖端人才。

把历史的荣耀沉淀在心里，把渴望的目光投向远方。我们正以博大的胸怀和开阔的视野向世界发出邀请。

点评：该表达的内容都表达清楚了，但官腔味比较重，套路比较明显，中规中矩，没有惊喜，无法与客户或消费者产生共鸣。

接下来再看走心的写法。（注：本创意程换亦有贡献。）

（开篇）

人生的路,总是不断出去,又总是不断回来。

20年,人们或许并不在乎我们的感觉,但他们能感觉我们有多在乎。

感恩之心,常驻我心
——盛缘轩二十周年

(针对顾客)别人看到你的成就,我们看到你的奋斗

20年来,我们一直重视与顾客对话的新形态,不断进行关于心的探索。

无论是大空间,还是小摆设,哪怕一盏暖心的茶点,我们认为那都是人内心的投射。我们努力营造这样一个地方,一个更容易触摸到自己内心的地方。

我们深知,挑战随时在召唤你,而我们随时等待你的召唤。我们借一双双妙手与你身体的每一条脉络展开对话。将正气灌输于你的脏腑、气血之间。

在寂静的时光中,让你邂逅安宁和温暖。一次次的开始和结束,是一种全新的生活方式,在这种新鲜的生活方式中舒展开那个未知的自己。

我们尊重自己的劳动,我们更尊重你的感受。

你为人生全力以赴,为你全力以赴是我们的人生。

二十年,不只是历程,更是锤炼。

与日俱增的不只是岁月,还有朋友和关怀。

(针对员工)别人只看你的资历,我们看到你的潜力

这里有认真工作的满足感;这里有面对错误时的包容与勇气;这里有面对机械工作时的忍耐力。

我们从来不是理想主义者,而是理想主义的实践者。

我们的第一身份永远都是人,不完美的人。

我们不是在经营足疗服务的生意,而是在经营一项关于提供健康理疗的人的事业。我们之所以富有激情,是因为有这些为健康事业而忙碌的人,是因为有我们的顾客、合作伙伴,还有我们所处的当地社会。

我们相信,内心的笃定才是人最大的财富。我们不只提供晋升空间,更提供

心的呵护。有什么需要填充,等你来完善;有什么不合理,等你来消除。

(针对行业)别人关注足疗的现在,我们承载行业的未来

20年来,我们深知,足疗早已不是简单的休闲方式。通过不断重新解读和诠释,我们更成为一家强健身体,放松身心,提供健康咨询、减压方法的服务平台。

我们相信,谁率先输出了自己的标准和服务理念,谁率先建立具有人本精神的员工培养和支持系统,谁就能在行业中获得优势,脱颖而出。

因为专业,所以深入。因为深入,所以我们能发现和发掘这个行业的成长空间和未来价值。

一项事业的成功之处,不仅仅是它扩张有多快,更多的是它与人心的融合,以及它对这个城市的责任。

我们坚信:无论时代怎么变迁,它一定跟着人心走,这是盛缘轩生生不息的唯一方法和出路。

(结尾)
今天,我们与独具慧眼的你相遇。
无论是否是第一次,
我们都将以虔诚的态度,
让更多"心"的探索成为可能。

感恩之心,常驻我心。
(或:心探索,新未来)
——盛缘轩

分析:

以顾客为中心,以"心的探索"为主线,像面对朋友一样进行讲述,将生硬的官方介绍化为绕指柔,从而达到走心的目的。

七彩人生：若生命是一场优雅蜕变，你以谁为伴？

七彩人生是一家高端灵修培训机构，希望通过一条短视频展示机构本身，最主要的是能充分反映他们的理念。

我们知道，对于普通的培训机构，一般的语言足可以表现其理念，但对于灵修类这种形而上的内容，本身就比较抽象，如何把这种博大精深的玄妙用文案表现出来，并吻合灵修的调性呢？

客户给的资料并不多，主要是几门课程的介绍。

同样的素材，不同的人会写出不同的风格。我们先看第一个文案是如何写的：

人说，

千百年的堆砌，才筑起牢固的城墙；

千万次的回顾，才觅得心灵的释放。

七彩人生，不一样的精神世界。

给予我们，不一样的财富追求。

一、追根溯源

我们认为，

健康，是身与心的有机统一，

二者缺一不可。

烦躁、易怒、焦虑……

都市人常见的"情绪病"层出不穷，却被视而不见。

长此以往，人们容易形成心理亚健康状态。

满眼的浮躁，充斥着整个社会。

心灵的不健康，像隐形杀手慢慢吞噬我们的平静，损耗我们的健康。

二、悬崖勒马
我们认为，
心理亚健康，就像站在悬崖上，
近之，则掉入心理疾病的深渊；
远之，却发现我们都浑然不知。

难以想象，我们的身心正饱受心理亚健康的摧残。
浅之，则出现记忆力衰退、反应迟钝、强迫症状；
深之，则可能诱发多种精神疾病，引发管理性的病变。

心理亚健康的严重性，不言而喻！

三、自我释放
我们认为，
给自己做一次心灵美容，
提升自我认知价值，
是一种解放自我的方式。

自我反省，完成自我内在的提高。
寻找压力源，克服困难，缓解心理亚健康。
学会放松，深呼吸，感受温暖，让情绪稳定下来。
定期做心理体检，自我调节。

我们需要自我层面的心理调整，
更需要来自心灵辅导师的帮助。
每一次的压力舒缓，都会平衡我们的身心姿态。

四、智慧力量

在七彩人生的精神世界里，

灵是智慧，是创造力的源泉。

心灵的健康，对于人生至关重要。

我们相信，

敢于直面内心的问题，沟通是最直白的方法。

在每一个选择的背后，都有彩虹般精彩的阅历。

创造力是每个人的天赋，或大或小，或多或少。

我们挖掘你丰富的潜能，并将之付诸实践，

成就你自身的社会价值。

五、心生富贵

没有丰富的心境，没有健康的心态，

又岂敢承载成功的重量？

又怎么获得财富的青睐？

七彩人生，不仅仅是教会你一种方式，

更是给予你一种态度，

一场心灵的洗礼，让你敬畏人性。

我们常常想，财富究竟掌握在哪些人手中？

我们不敢确定，但我们相信"有财"的人，心灵必然是"有才"的。

七彩人生，为你讲述心灵与财富的奥秘。

点评：

文案从社会现状讲起，这也是大多数视频文案所采用的方式。只是这种形式是大家司空见惯的，只会给受众带来负面的能量，而且无法完整呈现灵修的精妙。

接下来,笔者给出新的文案:
(注:本创意程换亦有贡献。)

引子

上帝用七天创造了世界,

并将七种稀缺品质赋予每一个人。

在七彩人生,这些品质被不断找回,

并得以绽放。

1. 引爆·自信

时代赋予我们使命。为了这份担当,我们成全他人,却唯独忘了自己。

人生是一场修炼,体验是开始。

在这里,

洗礼尘封的大脑,

唤醒久违的自信。

不一样的体验,

让你拥有崭新的生命,

从而倍增气场和能量。

2. 激活·潜能

很多人一直在赶路,却找不到出路。

没有尽头的路,源自对自我认识的未知。

在这里,七彩人生带你进入未知的世界,

从而激活潜能,任何时刻与任何生命灵犀相通。

(宝石千莲课程)

3. 色彩·识人

我们见过很多人,却错过了很多本该走入内心的人。

色彩识人,才能快速走进任何人。

5分钟走进他人内心世界,10分钟感召他人。

不可思议的精妙源于色彩的微妙。

(色彩课程)

4.品鉴·高贵

放下目的,感受真意;

放下浮华,感受真知。

在精致敏感的世界中,

享受美好事物的过程,

并交织出体验、记忆、惊诧和赞美的情感。

品鉴,如你所见。

5.创造·智慧

一花一世界,一叶一菩提。

无论回归海洋,还是森林乡间,

在奢华与宁静中,找到智慧的钥匙。

不同角度看出去,

不同角度看进来,

都有不一样的发现。

(海洋课程、森林七日禅课程等)

6.直面·担当

无论是事业上的惊涛骇浪,

还是生活中的一点波澜,

在这里,一切将在爱的名义下化解。

卸下心中那副坚硬的铠甲,

面对家人,面对社会,

将担当的真谛,娓娓传承。

7. 绽放·精彩

没有身心灵的合一,世界再精彩也无法呈现。

在这里,用出世的修行,来助推入世的事业。

调形,调气,调神;发现真我,认识世界,改变人生。

在这里,

不只解放自己,更在更高的层面上,

唤醒女人,成就男人,和谐世界!

结尾:

上帝用七天创造了世界,

更把选择权交给了你。

若生命是一场优雅蜕变,你以谁为伴?

若生命是一场身与灵的修行,你与谁同行?

七彩人生,您专属的心灵驿站。

分析:

上帝用七天创造世界,通过这样的概念带出七种品质,与"七彩"的"七"达成一致。同时,化生硬为哲理,化尖锐为诗意,在调性上与灵修保持统一。

肯德基：每一份平凡都值得温柔以待

笔者曾在《商业宣传片私作品：文案、创意、策划》中提到文案的三个原则，其中之一便是简洁性。

将深刻的大道理诉诸简洁的文字着实不易，而简洁也绝不意味着简单。就好像日本设计大师那些极简风格的作品，看上去非常简单，但在细节上极其考究，呈现的也是难以复制的美。

文案也一样。简洁朴实的文字往往能穿透心灵，但简洁的文案背后一定暗藏巧思，在细节上一定是不遗余力的。

这次我们接触的客户是肯德基。

在跟客户沟通时，我们了解到：肯德基在浙江市场已经率先突破门店500家，客单数超过1亿，并在杭州开了全球第一家绿色餐厅。可以说很多方面都在领跑全国。

这样的成绩当然离不开一线员工的努力，这些员工几乎都来自外地，背井离乡，虽然都做着最基层的平凡的工作，但他们同样也有故事。

因此，客户希望借这一契机，并在2018春节之际，针对一线员工，推出一条短视频，传达肯德基这个大家庭对员工的关爱，激发起他们的归属感和自豪感，因此在风格上一定要走心。

时间紧迫，故事的筛选便是一大问题。

各大门店提交的故事原型非常多，但其实都是一个类型，都是春节不回家，坚守岗位的故事。

另外，虽然有些故事非常动人，但很容易给公司造成负面影响，比如有一家门店的副经理当初不顾家人的反对，毅然来杭州上班，由于房租上涨，她被房东赶出家门，流落街头的她抱着行李在路边痛哭，最后经理伸出援手帮她安顿好住处。本来这个故事挺吸引人，但事件本身会引起歧义，很可能造成负面影响，最后只能忍痛舍弃。

没有冲突便没有张力,但有了冲突就容易造成负面印象。这也是本片构思的难点。

最终,我们确定了四个小故事,主人公有员工,也有经理;有男员工,也有女员工。不同的岗位,不同的内心故事。

每个人都有内心挣扎,就看你如何用文案进行表达。通过文字既要表现戏剧冲突的一面,又要形成正面印象,突显公司形象。

以下是文案构思:

(注:本创意程换亦有贡献,在完稿时,该片还未开拍。)

(黑场)平凡的世界从来都不平静,只是你看不见。

(男服务员——汉堡师入镜:机械而又单调地重复着每一个动作,一份份汉堡被制作出来,然后传递给其他同事。偶然间会与某位女孩[顾客]四目相对,但转瞬即逝,他再次投入重复的动作。)

我没有别人漂亮的背景,只有每天不断忙碌的背影。

身在异乡,跟机器厮守的时间胜过任何人,很多人问这份单调值不值得?

(女行销专员入镜:对每一位顾客微笑,并报以"欢迎光临"的问候。偶尔遇到难缠的顾客,还要耐心地解答。一位小朋友跟随父母进来,她开始陪小朋友玩耍,最后望着小朋友踏出餐厅大门。)

我做不到人情练达,却可以有问必答。

身在异乡,顾客可以是友情客串,但我愿意倾情出演,朋友问这样的迁就值不值得?

(MT女实习助理入镜:镜头越过众多的产品,一双充满求知欲的眼睛映入视线。她一边用心地反复操作着,一边默读着产品名字。夜色越来越暗,她搭乘公交车下班,回到家又开始喂养流浪狗。最后她躺在床上写日记:怕自己做不好,怕处理不好人际关系,怕给别人添麻烦,怕别人对自己失望。)

我可能没有别人聪明,但只要认为对的事情就会努力去做。

身在异乡,我不想成为别人的包袱,却在心里留下了包袱。内心有个声音问:这样的努力值不值得?

(男资深副经理入镜:除夕,餐厅灯火通明,喜气洋洋,与外面冷清的街道形成鲜明对比。这时,店里迎来一家外地游客,他们背着大包小包,风尘仆仆。走进店里,舒一口气,一起度过愉快的晚餐时间,送走客人,他开始沉思,想起自己的家人。)

我不是人们口中"别人家的孩子",却是城市很重要的一分子。

身在异乡,我是父母牵挂的远方,但更明白还有很多寂寞的游子来自他乡。家人问:这份坚守值不值得?

(画面安静下来,汉堡师一抬头,惊呆了,只见伙伴们正拿着蛋糕向他走来,并齐声喊道:我们爱你!原来今天是他的生日。)

当你的工作从不停歇时,我们的爱也从不缺席。

(小朋友踏出餐厅大门时,突然停住了,然后回过头对行销专员说:姐姐,我们能做朋友吗?)

当你充满真诚和善意时,我们一面之缘也可以投缘。

(MT实习助理收到各种微信:越努力,越幸运;成长会有个过程,慢慢来,别急;凡事多沟通,有我们呢;这些信息来自餐厅经理、区经理、在班上的服务组大姐、同事管理组。)

当你放不下时,我们有你,你有我们。

(男资深副经理正发呆时,眼前出现了热气腾腾的饺子。原来经理从家里带来了饺子和一桌饭菜,并对大家说:我们一起吃年夜饭。)

当你想家的时候,我们也是你家的一部分。

(画面延续:各种正能量满满的大家庭氛围,各种美好的互动。)

从"我"到"我们",幸福就藏在这段距离里。

(每个人信心满满地面对镜头,并亮出真实身份:姓名+餐厅+岗位。)

心安处,便是家。

"我们"的世界没有陌生人。

每一份平凡都值得温柔以待。

肯德基。

分析:

在主题上,我们围绕"每一份平凡都值得温柔以待"这句话,让每个人的口述都留下"值不值得"的疑问。

在结构上,上半部分展示员工"施爱"的过程,后半部分展示员工"被爱"的过程。因为每名员工在进肯德基之前都经过严格的筛选和培训,心理上必须是正面积极的,哪怕有小波澜,也无伤公司形象。在文字表达上,我们借助他人的评判工作值不值表现员工的很多内心挣扎。因此,整体内容符合主流价值观,同时有无伤大雅的小波澜,又具备真实性。

在内容上,四个小故事涵盖了亲情、友情、爱情,做到了完整性;

在句式上,采用对仗的形式,贯通一气,增强节奏感和可看性;

在措辞上,尽可能采用谐音的形式,会更有味道和哲理性;

在细节上,每个人在讲内心故事时,都是"我"的表达,而后半部分都是"我们",无论字眼还是画面上,都有这样一个逆转的过程,体现出浓浓的大家庭的氛围。

案例截图：

唯美清新小资体文案

画面与文字结合得好,就会产生极其微妙的效果。用文字点化画面,用画面催化文字。让一草一木、一沙一石都拥有自己的心绪、气质与灵魂。浸入内心,物我两忘。唯美清新的文案营造的必是一场精神之旅。

生态煤山:趁诗酒年华,赴一场美丽之约

煤山与时俱进,推出了一系列宣传短片,这次想在公众号发一个视频。我们知道,公众号视频一般控制在三分钟以内,对于城镇展示,一般受众都喜欢唯美清新或有故事的短片。所以政府就剪了一条没有解说词的形象片。

但问题是,没有解说词并不一定唯美走心。

结果领导看了又看,总觉得缺什么东西,好像什么都没表达出来。换句话说,整个视频少了灵魂。

如果影视语言运用不好,视频很可能变成物质的盛宴,而不是精神的修炼。

这个时候,就需要借助文字的力量了。

每个人内心都有一场久违的约定,
放下目的,感受真意。
在千年的自然山林中,聆听生活的原律;
在千年的手工技艺中,找回生活的原色。

可以在大地与苍穹间优雅地生长,不疾不徐;

可以在亿万年前一枚金钉子的古老记忆里,被时光融化。

横跨三省,让最美的时代和最美的年华彼此遇见。

是生态引擎,奏响了一座工业强镇的和谐乐章,也揭开了它独有的关于文明的密语。

工业与生态的对话,无言却胜似千言。

快经济与慢生活,和谐相处又自成一格。

如果说,距离创造想象,

那么,没有距离,培养的便是天性,是乡愁。

这种乡愁来自成长的心灵之初,来自朴素而又变化的小镇风情,来自"江南小延安"那绵延千里的红色足迹。

远方不远,就在心里;小城不远,就在脚下。

阅读山水,倾听故事。心安即归处。

趁诗酒年华,何不赴一场美丽之约?

分析:

原视频的主题是生态煤山,过于官方。笔者把主题改成了具有文艺调性的"美丽之约"。以约定的名义来谈生态,其实并没有脱离生态。

原视频的结构是一成不变的,笔者只能在文字上进行梳理,变成"一个观点+两三个故事+观点升华"的结构,思路更清晰一些。

然后,衔接过渡部分采用拟人+文艺笔调,让整体变得格外生动。

棉来啦：大自然才是最好的配色师

棉来啦是来自青岛的童装品牌，想通过短视频展现其品牌诉求：自然舒适。

一般的童装品牌在展示时，往往仅限于画面本身，比如唯美的棚拍、清新的外景演绎，顶多再加一些衣服本身的卖点。

但在笔者看来，无论场景多么漂亮，小模特多么可爱，真正的主角还是服装，不能被外在的东西喧宾夺主。所以在制作该视频时，我们在画面上叠加了相关字幕，起到深化主题的作用。

（注：本创意郑庆海亦有贡献。）

一款童装的诞生，从来没有那么简单。
正如穿着艺术，在舒适之处讲述着精妙；
正如棉来啦，在精妙之上讲述着舒适。

它不仅拥有3000小时光照的自然呵护，
它让每一根线都有自己的生命，
它更让每道剪裁和缝接工艺定型成诗，
对幼小身体进行全新诠释。

棉来啦相信，
大自然才是最好的配色师。

回归自然，
释放天性，
唤醒童趣。

每一毫米,都浓缩着匠人的执着;

每一款童装,都能开启孩子心中美丽善良的天使。

自然且美好,舒适且纯粹。

以真诚之名,重新定义自然和舒适。

棉来啦。

案例截图:

诙谐幽默文案

有人说：短视频不是更短的视频，是次世代的图文。但无论时代如何进步，视频文案都力求减少说教，化抽象为形象，可以冷艳，可以接地气，唯独不能平淡。

边界一旦被打破，一切皆可走向娱乐。见惯了小花脸的哗众取宠，见惯了网络语言的泛滥成灾，其实，拉近距离，并不是一味地为搞笑而搞笑，有时，打开受众的心锁，只需文案的轻轻一转。

亚里士多德在《动物学》中说：人是唯一能笑的动物，造物者将笑的能力公平地分给了整个人类。笑是人的面孔上最流动、最迅速的表情，从眼睛里泛到口角边，像闪电一样，眼睛里忽然间增添了明亮，唇间闪烁着牙齿的光芒。

笔者认为，诙谐幽默的短视频一般都会有情景化微电影的即视感，在创作时往往会先种下好奇的种子，埋下包袱，然后在适当的时机抖出包袱。

FM988：向快乐出发，没有什么可以阻挡

据说，自微信朋友圈诞生以来，逐渐形成了两大神秘"江湖派系"——养生党、鸡汤党。刚开始还能提神醒脑，但时间一久，便如同魔咒一样，唤醒了心底的躁动不安。

于是，毒鸡汤、丧文化开始流行，成为另一类文化现象，在年轻一族中快速蔓延。

这次的客户 FM988 电台想通过一部短视频，体现电台青春、潮流、科技、有

意思、快乐、流行等元素。

他们的对外口号是：向快乐出发。但对于整个视频的创意没有限制,没有框架,主题也非常宽泛。有时,没有要求就是最难的要求。在漫无边际的思考中,笔者给出了两套方案思路。

(注:本创意陈燕之亦有贡献。)

自嘲篇

创意说明：

从考场到职场,再到情场,无数个他、她冒出来,要么给你灌鸡汤,要么给你抱怨。其实,每个人都有自己的打开方式,认真你就输了。人生百态,在喜笑颜开的自嘲中尽显。

文案：

我的世界一直很平静,直到 Ta 们闯进来。

曾经的一切美(Hun)好(Luan)都被唤醒。

她说：人生的战场不仅仅是眼前的考场。

我说：承让了我的姐。没错,还有 40 年后的广场。

他说：工作要像我一样,识时务者为俊杰。

我说：厉害了我的哥。没错,食食物者为俊杰。

她说：年龄涨了,体重涨了,房价涨了,哎！

我说：过奖了我的妹。工资不是挺稳定的吗,么么哒。

他说：这工作太辛苦,想换一行。

我说：谦虚了我的弟。那太简单了,敲一下回车就 OK 了。

你说：花个100块钱还要考虑那么久。

我说：亲爱的，我的宝贝，花10块我也是深思熟虑的。

向快乐出发，没有什么可以阻挡。

FM988

情景演绎篇

主题：向快乐出发。

演绎：男女主角分别模拟《三生三世十里桃花》、韩剧、谍战剧里的场景（都是室内），展开夸张的对话，最后都引出主题——向快乐出发。中间不断被制片人打断改剧情，让导演哭笑不得。

本创意把拍广告本身也纳入整个场景当中，站在第三方视角，让剧情更有趣。

画面一开始是夜华下凡见白浅的场景。

两人开始展开碎碎念的天人对话。

最后两人一起喊出：FM988，向快乐出发！

话音刚落，就听背后一声"卡"。

镜头拉伸，原来是在拍广告。各种灯光、各种摄像器材呈现出来。

制片人冲到导演面前说：虽然有快乐的成分，但不够浪漫。

接下来，进入第二场。

泼辣女与痴情"欧巴"展开了火辣味十足的对话。

女主时而喜笑颜开，时而愁眉不展，令"欧巴"局促不安。

最后他们还来了个棉花糖之吻，并喊出：FM988，向快乐出发！

话音刚落，就听背后一声"卡"。

制片人冲到导演面前说：浪漫有余，但悬念不够。

接下来,进入第三场。

谍战剧开始了。

女主一身制服,头戴船形帽,冷峻而又神秘,她悄悄地与男主传递着街头暗号。

对话是满满的套路和悬念。

最后,他们悄无声息地说出:FM988,向快乐出发!

话音刚落,就听背后一声"卡"。

所有人以为又要重拍,沮丧地叹口气。

谁知制片人说:OK,要的就是这个。

此时的导演醉了……

时尚华丽有腔调文案

平时见惯了无关痛痒的陈词滥调,却鲜见掷地有声的华丽腔调。很多时候,是因为你没找对那剂猛料。

轻奢风潮,愈演愈烈,杜绝隔靴搔痒,杜绝味同嚼蜡,不唯上,不媚俗,才能写出时尚华丽有腔调的文案。

笔者认为写这类文案有以下几点需要注意:

● 感性诉求+理性说服。

人们购物都是凭着感性。所以,文案需要用感性诉求激发欲望,用理性逻辑说服人们购买。而感性一定在前面,理性一定在后面。如果只说一堆专业术语,则没人会感兴趣。

● 漂亮的有腔调的句式。

句式是文案很重要的调料。一方面,它起到衔接过渡的作用;另一方面,它包含了我们所要表达的态度。

● 有感觉地写文案,写有感觉的文案。

有时,感觉比内容本身更重要。写文案其实就是在受众大脑中植入画面,让他们在强烈的代入感中感受品牌的魅力。

媛颂：独立风格诞生，就是自己的重生

媛颂是一家针对女性的美容会所，源自法兰西对美的追求，有着轻奢的气质和魅力。

该品牌一直强调女性的独立，希望通过短视频展示品牌形象的同时，更能有力地传达出名牌鲜明的态度。

同样的素材，不同的文案。因为用"料"不同，就会写出不一样的文案来。先看第一篇：

情感篇

【第一部分】引子

气质不是与生俱来的，是长年累月的沉淀，不仅在于内在丰富的修养，还在于外在精致的修饰。魅力绝不仅仅展现于外人，更是对自我的一种肯定。媛颂，释放女人天性，焕发风采魅力。

【第二部分】品牌理念

媛颂，是一种蜕变，是一种破茧成蝶的希望。源于法国悠久的对美的追求，源于对自然时尚的渴望，源于对旧传统的打破，这是一种全新的生活方式，这就是媛颂。这是一种定制的生活态度。

【第三部分】客户群体

现代新女性，这是拥有着独立个性的群体，她们寻求的不再是生存上的独立，不再是社会地位的高度，而是对自我追求的提升。爱美是每个女人的天性，尊崇内心的选择，渴求在人生里自由优雅地绽放。

【第四部分】资质介绍

我们愿意提供先进的仪器,所以有尖端品牌的医美器材;

我们愿意给予专业的服务,所以有欧洲顶尖的医疗美容专家;

我们愿意认知独特的品牌,所以有专业素质的品牌塑造团队;

我们愿意让合作商高枕无忧,所以我们梳理系统化的加盟方案和培训方案。

【第五部分】企业愿景

行走在寻求魅力的道路上,媛颂一路相伴。

媛颂,有感于欧洲古典优雅的美,创造新时期新时尚美感理念。

媛颂推崇每一分的极致效果,吸引所有人的目光。

(企业负责人出现,或说话,或表现,王家卫电影风格。)

【第六部分】结语

当梦想照进现实,当媛颂来到身边,我们要做的是,尽情享受。落地体验,分享美丽,为自己,创造一个不一样的你。

媛颂,女人,就要爱自己。

点评:

该有的都有了,但是感觉没出来,无法让受众体验到时尚大片的风格。所以结果就是反复修改。如果调性没把握好,"料"没用对,改再多次也是徒劳。所以笔者给出另一篇文案,一稿通过。

(注:本创意程换亦有贡献。)

(开篇:欧洲城市的鸟瞰镜头,古典文化与时尚广告交替,爱马仕等奢侈品牌闪现。)

自信、绽放、优雅、魅力、吸引……

她们拥抱时尚却绝不盲从,

她们追赶潮流却总能避开陷阱。

巴黎女人是怎么做到的？

每一种奢华跨界大牌，都将是独立女性隐秘的暗码。

正如 Alcis 的理念：独立主宰自己，主宰生活，主宰一切。

而这些都来源于一种过程的体验和释放，

正如媛颂。

在这里，女人独立的密码被一一解开。

起步便与世界同步。

你不必生在法国，却可以拥有巴黎女人般的时尚魅力。

媛颂品牌的创始人在 2009 年第一次把台湾的医师引入中国大陆，让中国大陆的顶级贵妇们享受到世界顶级的医疗服务。2013 年在香港创办贸易公司，拿下了亚洲区 42 种药品的代理权，为亚洲各大医疗机构提供世界尖端药剂，服务万千女性。

女人的独立，不是自我标榜，不是自我发声，而是精神人格的呼应和确认。

媛颂，是唯一一家通过欧洲团队打造的品牌。不仅在视觉上依照国际高端奢侈品牌进行定制，更是一种生活方式的定制。打破旧传统，突破旧框架，女性的独立人格从而得到升华和融合！

独而不孤，才能解读自身存在的意义。

在这里，她们不断吸收世界风潮，并与自我美学体验深刻对谈；

在这里，处处都是伸展台，情绪与情绪、气场与气场碰撞，心照不宣。

真正的奢华，从不浮夸。

正如巴黎女人对奢华的定义，一定来自品牌对品位的保证，而不是刺眼的标签。

媛颂从仪器渠道商演变为美丽缔造的供应商。这意味着，品牌背后用最好的设备、最专业的医生、最专业的品牌团队、最专业的系统去维护。业内的隐形冠军可能就在此萌生。

没有好的沉淀,再好的招商也只是喧哗;没有好的招商,再好的沉淀也无法呈现。

在媛颂看来,先进技术、高超水平、极致效果、安全保障、系统化的加盟方案和培训方案才能让合作商高枕无忧,这也是媛颂团队的核心愿景。

每个人心里都住着另一个自己。

独立风格诞生,就是自己的重生。

媛颂希望打造的不是一家普通医美机构,而是女性的梦。

未来,媛颂将围绕女性打造一个高端的闭环生态经济,从医美,到高定,到金融,到医疗,到休闲生活,到家族管理,真正围绕女性打造一个广阔的平台。

以独立之名,向奢华献礼!

以梦想之名,向美致敬!

媛颂。

分析:

开篇就要亮出巴黎女人的风范,通过时尚大片的营造来吸引大家。然后紧紧围绕女性独立这一主题,通过时尚的表达句式,有腔调地勾勒出品牌的魅力。

案例截图:

必备技能篇

如何提炼一个好的概念?

每个人每天都会接触大量信息,在总时间一定的情况下,谁拥有一个引人瞩目的概念,谁就能俘获大众眼球。

所谓概念,可以说是广告策略的凝练,是对事物总的特征的看法。

它是从一个新颖的角度解决说什么的问题,从而达到让人眼前一亮的目的。

换句话说,我们在进行创作时,不要去说产品或品牌本身,而是要从中挖掘出一个大家愿意去讨论、去思考的话题点,将它拔高再拔高,超越产品,甚至超越品牌精神,乃至达到意识形态的高度,然后围绕这个点去讲故事。

其实,不管什么产品,其背后都一定能找到一个很好的话题聚焦。

比如百达翡丽表,它对外传达的内容从来没有局限于产品本身,而是塑造了一个"传家宝"的概念。它的广告语是这样的:没有人真正拥有百达翡丽,只不过为下一代保管而已。

再比如:

奔驰卖的不是车,那是一种奔跑在世界顶端的荣耀。

香奈儿卖的不是香水,是一种自我魅力和品位的表达。

卡地亚卖的不是珠宝,是一种被人仰望的贵族风范。

概念的表现形式有很多,可以通过文字,也可以通过画面,也可以是两者的结合。

塑造概念往往从以下四个角度入手:

● 主体。

主体可以理解为"受众",概念往往围绕"人"进行挖掘。

比如世博会中国馆宣传片《历程》,本来是想体现大国功绩的,但经过多轮磨合,最终围绕"人"进行讲述,讲的是四代人进城、参与建设、经历地震、最后相聚在城市的故事。宣传片不再是对着景说话,而是对着人说话。镜头不再聚焦于上海东方明珠、北京世贸天阶,而是对准了人。

再比如早期一家信用卡的广告。创意概念是"购物是为了身边的人更幸福"。换句话说,它提供了消费者一个逛街购物最动人的理由,在温馨的配乐中,电视广告影片分成了五段故事——爷爷送的新开始、太太送的健康标准、姐姐送的大朋友(大玩具熊)、爸妈送的海阔天空、男友送的一生幸福。

● 客体。

客体是指产品或品牌给主体带来的生活方式或体验,也就是主体在什么样的情景下进行演绎。

《剑桥大学》宣传片中,为了阐述该校在世界上的影响力,挖掘出一个概念《给世界的一封书信》,在教授的演绎下,在师生的串联下,生动活泼,别有趣味。

中国台湾有名的7-11便利店,为了推广City coffee,于是围绕《在城市,探索城事》的概念,打造了若干条短视频,由桂纶镁倾情演绎。每条短视频也都有一个鲜明的概念,比如《时间篇:从时间,偷一杯咖啡的时间》《再见篇:再见,为了和更好的你再见》《改变篇:改变,只为更好》《交接仪式篇:一杯咖啡的时间,把自己交接给另一个自己》。

芝华士《心灵之境》讲述的是关于约定和相聚的爱情故事,以此暗合芝华士25年传奇经历:从百年前的辉煌,到大战时的暂别,直至一个世纪后的复归和重生。而王家卫25年辉煌的电影生涯与芝华士25年历久弥醇的风范也促成了二者此次合作的契机,通过《心灵之境》这部极具王家卫风格的影片,呈现芝华士25年"再现传奇,臻享境界"的品牌内涵。

Stride口香糖《生活中的小史诗》中,男生在咖啡店里突然看到曾让他痛彻心扉的前女友走进来,这时候该怎么办呢?情急之下,他吃了一片Stride口香糖,虽然脑子里闪过好些个像白日梦一样滑稽的方式去接近前女友,但最终还是以帮她推开门,微笑说了声"hi"的形式坦然处理了尴尬情形。

百威啤酒《爱上一匹野马》源于一首歌:爱上一匹野马,可我的家里没有草原。但那又怎样！于是一则暖心广告诞生了，讲的是一只宠物狗和一匹马之间产生感情的故事，千山万水也无法阻挡二者的友谊，而当它们的关系渐渐亲密时，其主人也坠入爱河。

● 本体。

本体指的是品牌或产品本身。往往通过有形的视觉载体、符号或文案，表现无形的抽象的内容。比如北大的《光影交响曲》，郑州宣传片《一个都说"中"的地方》，上海城市宣传片《上海协奏曲》，长沙宣传片《24:05》，气象台短视频《黑衣人》等。

再比如传统宣传片中，笔者在同济医科大学110周年之际策划的《中国梦·同济力》纪录片，全篇围绕"力"这个概念对历史进行钩沉和贯穿。

● 个体。

通过人物个体进行挖掘，以小见大。

比如早期凡客代表作品《生于1984》传达了一个概念："1984，以李宇春为代表的一代人出生。"

比如《十二道锋味》，完全成了谢霆锋的个人秀。

还有农夫山泉《一个人的岛》，表现了一位老人对于源头水的坚守。

其他如七匹狼《名士堂》、马爹利《当代名士·映像寻旅》、观致汽车《行，有观点》、百事可乐《猴王世家篇》都是围绕个体进行讲述。

总之，概念的挖掘方式有很多，可以抽象，也可以具体，可以诉诸文案，也可以化为视觉符号。但如果一味模仿复制成功的东西，只能是产品思维。如果对别人的东西或旧有的素材进行拆分，重新整合，用新的审美角度去挖掘，用新的手法和语境去表达，零距离走进受众心里，焕发出新的价值，便是作品思维。运用作品思维，才能挖掘出新颖概念。

如何写一个吸引人的开头？

如何开篇就能埋下一枚重磅炸弹？如何落笔便能形成破竹之势？如何站在上帝视角唤醒灵魂？如何在 5 秒内摆明车马？

都说万事开头难，无论老文案还是新文案，总有无从下笔的时候。好的开篇，一开始就锁定受众群体，然后充分调动他们的嗅觉展开巡猎。

戴维·洛奇在《小说的艺术》一文中谈道："小说的第一句（或第一段、第一页）是设置在我们居住的世界与小说家想象出来的世界之间的一道门槛。因此，小说的开局应当如俗语所说'把我们拉进门去'。"

那么，对于文案而言，又该设置怎样的门槛呢？

语文老师经常告诉我们：写文章可以从名人名言或名诗开始。但对于文案而言，就太缺乏创意了。如果 80％的人都能想到的，就不要再想了，直接舍弃。

为什么电视广告最长也就 30 秒？

因为听众的注意力只有 30 秒。环视你的房间，把注意力集中在一盏灯上，不出 30 秒，你的注意力就会转移到其他东西上。这就是 30 秒注意力原理。

所以开篇 30 秒一定要吸引受众的注意力。

好莱坞导演喜欢把中间最好看的剧情剪到影片前面，这便是电影蒙太奇手法。另外，影视文案跟平面文案、软文或中学生作文不同，可以花那么多文字去铺陈，因此一定要简洁，一定要与受众建立关系，并由此开始一段旅程。

经常出现的开篇有以下几种形式。

1. 引子或题记

这种开篇往往是黑场＋字幕，或画面叠加字幕。

(举例:得邦照明)

一盏光明,温暖一家;

一抹色彩,精彩一刻;

一城辉煌,繁华一梦。

——光线构筑未来。

(举例:基投集团)

以天为界,审视知高下;

以地为界,求索知远近;

以人为界,问心知得失。

(举例:盛缘轩)

人生的路,总是不断出去,又总是不断回来。

20年,人们或许并不在乎我们的感觉,但他们能感觉我们有多在乎。

2. 总领全篇

这种开篇的特点如下:立体勾勒,总体上有所了解。再按照总—分—总的结构进行阐述。适合郑重严肃的题材,比如政府、城市类。

常用句式:

这里……这里……

这是……这是……

(举例:西安)

这里,是中华民族的发祥之地。

这里,有中国人最为自豪和珍贵的记忆。

这里,浓缩着中华儿女的遗传基因。

这,就是西安!

(举例：五龙山生态农业观光园)

她被称为五龙山景区的门户，距义乌市区仅 10 公里；

她与自然山水共呼吸，有着天人合一的生活情境；

她错落有致，高低起伏，如同一幅立体的画；

她与都市繁华保持合理尺度，更是心灵的家园。

一片田，一带水，三幽谷。

她就是五龙山生态农业观光园。

3. 开门见山

此类开篇直接带出品牌，或带出观点，不拖泥带水。适合喜欢简单直接的客户。

(举例：绿城物业)

有一种力量，跨越时空却始终温暖心灵。

绿城服务深知，真正相伴一生的财富不是金钱，而是仁爱。

(举例：归真金胆)

不是所有的金胆级熊胆粉都叫归真金胆。

作为肝胆健康专业服务机构，归真金胆以敬畏之心，

将行业标准制定者纳入机构体系。

选择精制纯天然、金胆级熊胆粉作为主推产品，

因为知道去向哪里，才能脚踏实地。

(举例：强生)

强生相信，

在我们的身边存在着一些巨人。

他们以巨大的爱，

做细小的事，

让心灵获得慰藉,

让创伤得到安抚,

让人们得到关爱。

(举例:金石包装)

我们是一家以创新为驱动力的公司;

我们专注于复合软包装与容器包装专业领域的研究和生产;

我们为客户提供健康、安全、环保的产品。

4. 安静自然

很多客户说开篇要震撼,到底怎样才算震撼呢?有一种是靠音乐特效包装制作出来的震撼,这种震撼太表面。还有一种震撼不动声色,却动人心魄。

无声胜有声。

(举例:无题)

每一个黎明,这片朴素的土地上,都有着一群走在太阳前面的人。他们是平凡的,又是伟大的。

(举例:宏大控股)

表面的宁静之下,往往凝聚着巨大的能量。

厚积,不扰天地;

自发,只为生机。

宏伟有度,大德无形。——宏大控股

(举例:山水御园)

傍着一条江,便有了运筹帷幄的制高点;

枕着一部历史,随时与一方皇脉进行对谈;

山水御园,一座城市的珍藏,让经典再次重现。

5. 大气史诗

此类开篇形式适用于展示历史积淀、衬托新生事物(引领性的,革命性的)。

(举例:三菱电梯)

1889年,当第一部电梯诞生,世界为之震惊。从此,历史被改写,人类的距离由水平迈向垂直,跨向高度。世界构成了平衡,人类学会了仰望。——三菱电梯

(举例:思科)

200多年前,工业革命拉开了国家的差距,分裂了我们的世界。

今天,互联网革命使人们重新走到一起,跨越地区和语言的隔阂,构建一个互联互通、信息共享、交流廉价的世界。——思科

(举例:展诚建设)

碾过岁月漫漫长河,历史总会铭记那些流芳后世的建筑丰碑;

搏击商海风口浪尖,现实总会眷顾用满腔热血描绘蓝图、用坚韧脊梁铸就精品的建筑铁军。

(举例:阿里巴巴)

1999年,西子湖畔,马云创办了阿里巴巴网站,把橙色的身影带到了世界。此后,这道橙色的身影与天下网商的命运息息相关,并用数字改写着历史。

(举例:钱江新城)

千百年前,钱塘江孕育了西湖文明;

千百年后,浙江最大的这条江,又开始唤醒城市的另一次新生。

这是五千年的一次回眸,更是一次使命的召唤。

它要举城市之力加以建设,在8000年的历史年轮上,用10年再造一座城。这座城,便是钱江新城。

(举例:酒泉信息港)

【时间轴:1487年,"好望角"的发现,引发欧洲乃至世界工业革命】

【时间轴:1939年,世界第一台电子计算机的问世,催生了互联网产业】

这是一个经济乱象的时代,沿袭与探索交织;

这更是一个跨界整合的时代,颠覆与变革当道。

今天,当经济舞台的追灯再次定格酒泉,一个划时代的创举正拨动着创业者的心弦!

6. 时代引领

此类开篇适用于展示行业背景,包括发展趋势、现状、未来展望等。

(举例:湖州久通物流机械有限公司)

这是一个快速发展的时代。

物流自动化水平的高低直接反映出企业现代化的水平。

作为国内最具价值的物流系统工程设备制造商之一,湖州久通物流机械有限公司从创立伊始,便始终为中国的工业现代化而服务。

(举例:杭州高新区)

这是一个与世界同步的天堂硅谷。

以知识经济为核心的跨越式发展构成了这个时代的命题。

从西湖到钱塘江的跨越,开启了"沿江开发、跨江发展"的宏伟蓝图,得天独厚的地理环境让杭州高新区在时代聚焦下拉开了天堂硅谷的序幕。

(举例:中国东盟电气集团)

能源,万物生生不息的命脉。

可再生能源的开发与利用,始终是人类不懈的追求。

21世纪,全球的目光开始聚焦于环境的可持续发展,当一系列优化解决方案不断放大绿色电力时,人们记住了一个醒目的名字——中国东盟电气集团。

(举例:宁波跨境电商)
这是一次全球一体化下的商业进化,
这是一场大国家战略下的升级演绎。
大格局、大转型、大提升,
当超越传统时空概念的新大陆孕育形成,
跨境电商综合试验区,有了新的时空坐标。

7. 提出问题

此类开篇使用设问或反问,引起受众思考,寻求解决方案。

(举例:朝热科技)
健康、互联网、云、客户端,当这一切不断相遇并成为一种趋势,我们在不断思考:如何实现患者与医务人员、医疗机构、医疗设备之间的互动?如何让医疗进入社区乃至家庭,从而解决最后一公里的问题?

(举例:陈凯歌《仰韶》)
七千年时光,有什么瑰宝,可以璀璨至今,历久反而弥新?
九万里大地,又有什么经典,可以世代珍藏,绵延乃至不绝?
一个名字,不仅代表了一方土地,
当它出现在地平线上的时候,
中华的文明还在一派微茫的晨曦中。
陈:它叫仰韶。

(举例:农发福地)
饮食时代,如何吃上放心食品?如何让安全与美味和谐相处?

8. 设置悬念
此类开篇往往跟问句进行结合,埋下伏笔,营造神秘氛围。

(举例:龙额火山茶)
(神秘音乐响起,唯美意境画面)
万年时光,有什么东西可以接受远古的封藏和洗礼?
东海福地,有什么东西可以接受万物的供给和滋养?
火山口造就了稀缺的土壤,
稀缺的土壤成就了稀缺的茶。

(举例:万聚渔业)
真有这样一个地方吗?
鱼类中的软黄金在此安家落户。
真有这样一个地方吗?
鱼类中的活化石随处可见。

9. 第一人称
以第一人称开篇,要么讲故事,要么表达态度,有腔调感。

(举例:百事可乐微电影之六小龄童篇)
我父亲曾说过,
有的人一上台就下不来了,
我们章家四代都是演美猴王。
我曾祖父最早在农田里演美猴王,
人称"活猴章"。

(举例:都市米兰)
我们一生都在寻找属于自己的坐标。

天生骄傲,不忘守真。

如同盛开的米兰,

每一段生长包含的是自信,是高雅。

是爱,也是勇敢。

10. 第一称号

名牌一定有强劲的实力才能用这样的开篇,且称号最好是含金量比较高的。

开篇多个"第一"称号,奠定强有力的基调,吸引观众探究:这样的第一是如何炼成的?

(举例:杭州华山连天美医疗美容医院)

浙江省第一家民营医疗美容医院,

专业传承30年,

60多位国际专家团队,

百万口碑的力量,

华东医疗美容第一品牌。

11. 大众之声

C2B时代,一切以消费者为中心。

(举例:祐康)

消费者声音1:口感跟名字一样有嚼头,在咀嚼中慢慢体会童年的味道(画面展示功夫豆)。

消费者声音2:水饺的味道,让我找到了家的感觉。

消费者声音3:宜康便利店,就像我的好邻居,和我一起度过快乐的每一天。

从1992年第一支紫米雪糕下线开始,越来越多的祐康食品正走进千家万户。

（举例：奥华纺织）

采访1：能够突破传统面料的呆板，有一个新的面孔呈现，在视觉、触觉和质感上产生强烈的冲击力。

采访2：不仅仅是功能，更有令人惊喜的手感，特殊的外观风格，给消费者带来全方位的新感受。

采访3：无论市场需求导向何方，我更相信工艺技术的创新，它会为面料重塑新的市场价值。

12. 场景演绎

受众都喜欢在能激发购买欲望的氛围下购买，因此，开篇如果用美妙的场景来吸引人，效果将大大不同。

所以不用急着写文案，可以先通过场景带出文案。

（举例：华山之年轻篇）

从奥斯卡颁奖典礼到巴黎时装周，从潮流秀场到时尚派对，明星们不老的神话告诉人们：女人的自信，不是来自浓妆艳抹，不是来自披金戴银，而是来自一张年轻的脸。

（举例：媛颂）

（开篇：欧洲城市的鸟瞰镜头，古典文化与时尚广告交替，爱马仕等奢侈品牌闪现）

她们拥抱时尚却绝不盲从，

她们追赶潮流却总能避开陷阱。

巴黎女人是怎么做到的？

13. 焦点大事

这类开篇通过引人瞩目的焦点大事，以点带面，引出品牌。

(举例:上海三荣电梯)

2007年3月20日,在中国大地传来了一条让世界震惊的消息。这一天,500千伏三江口长江大跨越工程通过直升机顺利放线,该工程采用的电梯一次性提升高度为233米。在此之前,亚洲第一高钢管型输电铁塔所采用的电梯,一次性提升高度为240米,创下全球无机房电梯高度之最,而这些都来自同一个名字——上海三荣电梯。

(举例:钱江新城)

2008年,每个杭州人都记忆犹新。

这一年,他们首次目睹了杭城真正意义上的CBD。这座城市的新中心,以它独有的面貌,让人们有了最真实的注视。

时至今日,那些曾经关于未来的猜想和畅想,比任何时候更清晰和具体。使命、荣誉、智慧、汗水,一切的一切,它的名字叫钱江新城。

14. 已知事实

在写作的开头列举一些目标受众已经知道的事实,这样能快速获得信任。

常用句式:

你可能知道……

聪明的你一定知道……

当然你听说过……

每个人都知道……

你可能已经知道……

很少有人像你一样知道……

(举例:农心科技)

你可能知道,

孩子们一出生便被添加剂和化肥农药残留喂大,

曾经那汁水四溅的西红柿再也吃不到。

你可能不知道,

每年有 2000 万人从农村走向中小城镇;

每年有 1000 万大学生需要就业。

每年有无数的人和你有一样的乡愁。

15. 讲故事

大家都喜欢看故事,不容易对这样的开篇产生抵触情绪。一般适合微电影,或微电影形式的宣传片。

(举例:大众银行之母亲的勇气篇)

一个老妇人因为携带违禁品,在委内瑞拉机场被拘捕了。

她是一个台湾人,

没有人认识她。

她告诉他,这是一包中药材,

她是来这里给女儿炖鸡汤补身体的,

她女儿刚生产完,

她们有好几年没见了。

16. 倒叙

我们经常见到画面的倒叙,其实文案也可以采用倒叙的方式。

(举例:日发集团)

离家的人终于要回家。

归来,没有什么可以阻挡,

就好像,当年的出发。

2003 年,在新昌,我们迈出了第一步。

《曾在天涯》小说的第一句:"多少年来,我总忍不住想象自己将在某一个遥远的晴朗早晨告别这个世界。"

《百年孤独》开篇:"多年以后,面对行刑队,奥雷里亚诺·布恩迪亚上校将会回想起父亲带他去见识冰块的那个遥远的下午。"

17. 特写

我们见到的大部分视频开头都比较宏观,其实根据不同的目的,也可以用微观或特写的形式展示。

——直接人物口述。

(举例:野风集团)

董事长口述:从成立那天起,野风集团就树立了坚定的信念和使命,始终将创新作为核心理念,以人为本,诚信经营,立志成为让世人尊敬的企业。为应对不断变化的挑战,我们时刻准备着,把每一个明天都当做新的起点,从而能够保持基业长青。

——从非常个人的视角切入,再从这个小细节推展开来,逐渐论及全局。

(举例:JEEP 广告之王石篇)

(同期声)叔叔,海是什么?

在一次盲童学校的拜访中,

一个稚嫩的声音问出了这个问题。

我很少像现在这样被问住了。

——从物的局部展示。

（举例：板川）

源于诚,专于质,简于形,精于心。

航空级无烟厨房——板川。

18. 类比

开篇拿类似的事物或事件进行对比,起到烘托拔高的作用。

（举例：万丰集团）

20年前,当马云向人推销他的中国黄页时,很多人并不知道他其实正在为中国开启互联网产业的芝麻大门。

20年后,很多人都发出疑问：现在还有这样的机会吗？改革红利还能继续吗？制造业能否再次焕发生机？陈爱莲和她的万丰集团给出了肯定的答案。

（举例：九阳油烟机）

1994年第一台九阳豆浆机

××年第一台九阳电饭锅

××年第一台九阳电磁炉

2013年第一台九阳油烟机

19. 无开头

全篇都一个句式,一气呵成。适合广告或大牌传播类视频。耐克、阿迪达斯、华为等公司都采用这种形式。

（举例：三叶草）

如果你认为,超级巨星就是站在舞台上,跃动全场,人潮涌动；

如果你认为,超级巨星就是要有话题,保持曝光；

如果你认为,超级巨星就是只喊出昵称,别人也知道你是谁；

如果你认为,超级巨星就是懂得讨好粉丝；

如果你认为,超级巨星就是大家都想知道你的行踪。跟谁在一起?吃了什么?在哪里活动?穿了什么?

如果你认为,超级巨星就是身边总会有造型师、保镖跟着,总是变幻莫测,成为一种化身、一个标志、一个象征;

如果你认为,超级巨星就是这样造就的,那我不是巨星。

如何梳理一条清晰的主线?

很多人问贾樟柯:在《海上传奇》这部作品中,里面的赵涛一言不发,像个游魂似的走来走去,到底有什么用意?

贾樟柯说:其实也是没什么意义,就是个配角,但她是一个轴(主线),把那些散乱的记忆串在了一起。也可以说是一个线索,一个四处寻找的人,可以是任何一个跟上海有着千丝万缕关系的人。

以上对话说明了主线的重要性。

一部视频的主线主要有两种。一种是看不见的主线:前因后果,来龙去脉,起承转合,也可以理解为暗线。另一种是看得见的主线:视觉主线和文字主线。

1. 视觉主线

视觉主线一定要用得巧妙,最好是与品牌,或该品牌特有的不可复制的能够用画面呈现出来的事物有某种关联。

城市宣传片中,大家看得最多的就是:从早到晚这一时间主线,光影流动,明暗变化,一目了然。

地产宣传片喜欢用一颗硕大的钻石作为主线;

《上海协奏曲》中,以郎朗弹钢琴贯穿全篇,把音乐旋律作为主线;

在浙江工业大学之江学院的宣传片中,笔者用"晨跑"作为一条主线,有点像《阿甘正传》,刚开始一个人跑,接着两三个人,再接着一群人,最后都欢快地跑出校门。

2. 文字主线

在内容比较多,视觉主线又不好找的情况下,我们往往梳理一条文字主线。

文字主线最突出的表现就是:主题和各个小标题(或句式)都会有一个相同或相近的关键词,这样就可以随时把观众注意力拉回到主题,同时又能突出各板块的亮点。

所以找对关键词很重要。

比如浙江工业大学之江学院的宣传片中，全篇围绕"敢为人先"这一主题，所有篇章句式都是："敢于……敢于……"这样就成了一条线。

博洋家纺的宣传片中，我们形成了一条以"尊重"作为关键词的主线，该关键词在文案中出现若干次。

宜兴市残联宣传片中，我们围绕"筑梦"这一主题，通过"筑屏障""筑根基""筑活力""筑和谐""筑梦想"几大板块，形成了以"筑"为关键词的主线。

一条短视频，如果没有主线，就会形成流水账。尤其当客户本身没有提供什么亮点时，这种情况就更加明显。

下面，我们通过实际案例进行对比说明。

客户：东航云逸酒店。

需求：制作一条3分钟的形象短片（无解说词），用于微信传播。

其他制作公司提供的脚本可以说做得非常精细、规范、专业、用心，但还是存在一些问题：

（1）画面很多，但亮点不突出，任何一家酒店也都会有这些。

（2）没主线。画面堆砌罗列，变成流水账。

（3）执行难。画面涉及祖孙三代人，演员众多，预算大增不说，还不出效果。

我们接手后，跟客户面对面沟通，没有亮点也要挖掘出亮点来。

（1）该酒店最大的亮点其实是环境。酒店在杭州九溪，空气非常好，所以环境要多描写，占篇幅也要多。然后在画面上，我们人为加上了不断跳动的负离子。

（2）该酒店隶属东航，经沟通发现，经常有东航的人过来疗养，那么宣传片就可以把这一重要信息加进去。

（3）主线问题。让一个摄影师来串场，通过他的所见所感来反映酒店面貌。

(4)演员问题。宣传片不是微电影,演员只是串场,对演技要求并不高,所以我们把演员这块推给了客户。原因就是东航不缺美女帅哥,而且他们也乐意出镜,两全其美,还能体现特色。

基于以上分析,便形成了以下脚本:

东航云逸酒店宣传片(2~3分)

编号	画 面	镜 头 说 明	字幕
(1)		东航飞机从空中缓缓降落+飞机落地。	
(2)		摄影师拖着行李箱走出航站楼。	
(3)		接送车行驶在马路上,周围出现人群和车辆,场景切换快。	
(4)		航拍西湖+杭州标志街景,快速切换。	
(5)		九溪路景,酒店入口路标。	

续表

编号	画　　面	镜　头　说　明	字幕
(6)		天窗打开,新鲜空气。	
(7)		反射镜里,男子惊喜的表情。	
(8)		摇下车窗,男子伸出手感受空气的流动。	
(9)		镜头掠过酒店门口。	
(10)		男子站在酒店平台上,眺望着眼前的景象。	
(11)		有层次的树木向前铺展。	
(12)		仰视树木,阳光星星点点。	空气负离子 2000个/立方厘米
(13)		男子闭上眼睛,聆听各种鸟的声音。	

续表

编号	画面	镜头说明	字幕
(14)		镜头快切,节奏加快,各种客房及服务扫描。	
(15)		会议室,大景扫描。	国际通用标准
(16)		宴客厅,服务员带着白手套将门缓缓打开,表现其大气尊贵。	
(17)		各种运动设施一带而过。	
(18)		节奏变化,厨师正摆放各种料理。	
(19)		各种美酒饮食及商务宴请的人群。	

续表

编号	画面	镜头说明	字幕
(20)		节奏慢下来,房间阳台,男子悠闲地品着龙井茶。	
(21)		阳台外面,高大的桂花树增添诗意。	百年桂花树
(22)		婚礼草坪,男子用手轻抚着小草,接着躺下来闭目感受自然的气息。	
(23)		百年连理树映入画面。	百年连理树
(24)		切换。热闹的婚礼现场。	

续表

编号	画面	镜头说明	字幕
（25）		夜幕降临,灯光依次点亮,夜景展示。	
（26）		男子凭窗品着红酒。	
（27）		LOGO落幅	

分析：

有了主线,整个内容就比较清晰,而不是一团乱麻;里面的摄影师是东航的一名机长,其他人也是东航的员工。但也要注意,摄影师的角色只是一条线,镜头也不能太多,否则成了他的个人宣传片,所以要把握好比例。

视频截图：

如何谋篇布局，才能环环相扣，一气呵成？

经常有伙伴拿出手头的文案，说客户始终不满意，但又不知问题在哪里。我看了后发现：文案要么结构松散，无法环环相扣，缺乏一气呵成的感受；要么缺乏逻辑，先讲什么，后讲什么，经不起推敲。这些文案都败在谋篇布局上。

结构是文案的身体。好的结构，该肥的地方肥，该瘦的地方瘦，玲珑有致。好的结构，让人一目了然。石墨和钻石，同样是碳原子组成，但结构的不同，造成其价值大相径庭。

一直以来，我们习惯用三段式结构：过去—现在—未来。这也是最没创意的一种结构形式，在这样一个重感性、重概念的时代，我们如何进化自己的文案功力？如何给受众带来不一样的惊喜？如何打破三段式的魔咒？

结构再精妙，也离不开主题。结构如何与主题呼应？如何做到形散而神不散？

无论如何布局，它的背后总有一套逻辑在支撑，除了起承转合的套路，有没有更具创意的逻辑？如何与客户同频，一拍即合？

对于500强企业，尤其对于有着六七十年发展历史的跨国老牌企业，它们面临着转型升级、多元发展、资本化、国际化……信息量庞大，千头万绪，文案又该如何布局？

其实，对于一个企业来讲，需要陈述的内容无非有以下板块：历史发展、产业现状、解决方案、产品体验、客户服务、社会公益、营销网络、多元化、国际化、资本化、荣誉成果、企业文化、未来战略等。

所以在沟通的时候，根据以上13个板块，我们进行信息的筛选。把企业没有的信息，删掉；不是企业优势的，删掉；对剩余的信息进行整合，根据主题换一个包装形式。其实写文案就这么简单。

1. 主题呼应

所有的结构都要为主题服务，一定要跟主题相关，最好字眼上就呼应主题。

比如潍柴集团。主题:动力梦想,国际潍柴。关键词:动力。在结构上就有了以下呼应:

转型力·勇者先行、创新力·智者先觉、担当力·仁者先当、裂变力·拓者先立、爆发力·达者先兴。

再比如没有小标题的文案:浙江工业大学之江学院。主题:敢为人先。结构上:环境配套(吃住)+二级学院(学)+学校服务保障+社团文化(玩)。

为了与主题呼应,文案通过一个词"敢于"进行衔接过渡,如同一根绳子,把各个部分都串联起来。

很多时候,我们都喜欢采用三段式结构:过去—现在—未来。这是最保守也是最没创意的结构。面对同质化的激烈竞争,品牌对文案创意的要求也越来越高。那么,如何打破三段式的魔咒呢?

2. 巧妙布局

刚才也说了,最古老的结构就是三段式:过去—现在—未来。但是你可以进行演化,不想展示历史,那就展示环境。比如珠海北大青鸟,同样是三段式,我们从颜色上进行创意。

● 浪漫绿·每个人都是一道风景

● 精英蓝·每个人都是一座宝藏

● 朝阳金·每个人都是未来主角

如果产品或宣传标的是一个新鲜事物,没有历史,那可以展示行业趋势。比如宁波跨境电商的文案,它也是三段式。

前面一段引子讲趋势,接着就是三段式结构:先知者先觉,先觉者先行,先行者先达。

一个"先"字被反复强调,很好地传达了品牌属性。

如果展示历史觉得没意思,可以展示源头。比如农业类,我们往往喜欢从土地,从一粒种子开始讲起。

有时,历史内容摆脱不掉,客户也想体现,你还可以把企业发展历史放在结尾。就好像电影结尾一样,以字幕形式进行滚动,想看就看,不想看就可离场。

除了三段,根据需求,也可以四段五段,甚至更多。最好别超过五段。比如刚才说的潍柴的五段式。比如华山的四段式：

第一部分　大调·积淀成就品牌

第二部分　协奏·技术成就专业

第三部分　和弦·服务成就口碑

第四部分　交响·领先成就未来

这里要注意，在布局的时候，如果有小标题，那么小标题要醒目精准，否则就会寡淡无味。

无论三段式还是更多层次的结构，它的背后都有一套逻辑在支撑，这也是说服受众的理由。那么，如何梳理一条科学合理又自然流畅的逻辑思路呢？

3. 逻辑推敲

(1)总分结构。

其实我们所有的文案都是总分结构。一开始先说总体印象，不需要太多文字，但一定要点出来，让人很快知道你要做什么，否则视频说了半天受众也不知讲什么。

(2)起承转合。

比如之江学院的宣传片，先从优美的校园环境，再到二级学院的各种学习和课程安排，接着是学校提供的各种保障，最后展示各种社团活动，各种集锦，并拔高主题。

(吃住——学——保障——玩)

(3)抽丝剥茧。

这种结构主要是告诉人们：钢铁是怎样炼成的。

科技型企业使用最多，一般是这样的逻辑顺序：总体印象——原材料——创新研发(含人才队伍)——生产制造(车间流水线检测)——产品体验(展厅产品)——服务口碑或企业文化(服务+营销网络+各种合作)——未来展望。

逻辑上，相当于一件产品的诞生：从图纸开始，从原材料开始，接着生产制造、检测，出来产品，有好产品配合服务，赢来口碑，好口碑才会遍布全国，乃至全球。

但在具体应用的时候，要结合企业具体情况，灵活应变。

(4)并列。

一般来说,绝对的并列关系并不可取,除非有一些特别的概念。比如腾信堂。它的文案是根据五行的概念进行延展:

金——诚信如金(诚信)

木——成长如木(安全呵护)

水——澎湃如水(高效团队)

火——洞若观火(专业)

土——深植于土(稳健)

(5)递进。

由小到大,层层递进,不断放大格局。比如博洋家纺的文案,我们通过递进式的句式,一气呵成。散乱的信息通过内在递进关系结合到一起,形成了整体感。

(6)宗教式结构。

诱因——一个人做错事了,说我有罪。

问题——我也有罪,很多人都有罪。

解决方案——寻找上帝。

利益好处——你将得到解脱。

号召启动——我们一起来祈祷,阿门。

具体到文案,我们重新提炼了核心内容:

诱因——用一个震惊的声明或故事来吸引注意力。

问题——把焦点扩散或放大,将消费者存在的此类问题列举出来。

解决——提供解决方案,摆出产品,陈述卖点。

利益——陈述实施这些解决方案的好处、价值体验、多方见证。

号召——行动起来,让更多人来体验。

如何谋篇布局才能环环相扣,总结如下:

- 紧密围绕主题,结构上要与主题相呼应。
- 结构上要灵活应变,在三段基础上进行演化和延伸,小标题要醒目精准。
- 逻辑上要有说服力,除了起承转合,还有更多的思路需要灵活掌握。

如何写出打动人的句式？

影视文案当中用得最多的就是排比句式，因此，这里不把它放在句式之列。句式可以穿针引线，可以过渡衔接，甚至决定整部片子的结构和调性。

1. 否定句式

文案就是要表明一种鲜明的态度，鲜明的态度往往就意味着重塑价值观。所以，我们需要一言不合就否定。

常用：

没有……不是……

一款童装的诞生，从来没有那么简单。正如穿着艺术，在舒适之处讲述着精妙。——棉来啦

征服赛道的武器，从来不是马力。一如赛道传奇JOHN COOPER，懂得用头脑掌控节奏，自然化马力为实力。——某汽车广告

年轻不是明星的专利，因为，越来越多的女性打破了岁月的魔咒，越来越多的女性在这里重生并遇见年轻的自己。——某美容医院广告

2. 选择句式

选择句式跟否定句很相似，但在否定之余给出了选择。

常用：

不是……而是……

没有……只有……

人生的幸福不是富足,而是满足。

最隽永的感情,永远都不是以爱的名义互相折磨,而是彼此陪伴,成为对方的阳光。

在苹果的世界里,没有烂与不烂,只有扔与不扔。

在爱的世界里,没有谁对不起谁,只有谁不懂得珍惜谁。

我们相信,进步不是越走越远,而是沿着走过的路回到原点。——农发福地

在严老伯看来,留住人心的,绝不是昂贵稀有的食材本身,而是点滴入馔的关于这片乡土的信仰。——舟塔严老伯纪录片

明星们不老的神话告诉人们:女人的自信,不是来自浓妆艳抹,不是来自披金戴银,而是来自一张年轻的脸。——某美容医院

3. 递进句式

该句式抽丝剥茧,层层递进。

常用:

不只是,更是……甚至

盛名之下,我们更在乎与环境的默契,与生态文明、和谐社会的融合。

我们提供的不只是鲜活的鱼类,更是中国人健康生活的梦想。——万聚渔业

进步,不只是向着伟大快速前进,更是努力把细小做到极致。——农发福地

这每时每刻的微妙变化也只有严老伯才能体悟得到。因为,他是生产者,也是消费者,更是背后的守望者。——舟塔严老伯纪录片

这又是一座桥梁,它让五湖四海的人们汇集在此,以旅游的名义观赏石,以奇石文化的名义旅游,是交流,更是分享;是文化盛宴,更是生活体验。——东江

湖奇石馆

30年来,我们见证中国美容业的成长。
我们身在其中,是护航,更是领航。——华山

例:
我们知道,
财富不只是一个账户,
更是一个独立宣言;
不只是一部新车,
更是一段心的旅程。

财富不只是一套房子,
更是一个家;
不只是30年的资产,
更是30年的友情。

财富不只是和他环游世界,
更是能和他携手人生。

不只管理财富,
更助你实现人生的价值。
这就是百年来,我们坚持创新的动力。
交通银行——您的财富管理银行。
——贾樟柯交通银行广告片

4. 假设句式

常用:
如果……就……
要是……就……

哪怕……也……

即使……也……

如果说,东江湖让资兴市有了灵动的基因,观赏石又赋予这座城市诗意,那么,两者的相约,又将带来怎样的精彩?——东江湖奇石馆

在乎你的人更需要你的在乎。如果能早一步发现,如果能早一步预防,如果能早一步治疗。——乾安基因检测

如果说创新技术为梦想保驾护航,那么创新服务则为梦想插上腾飞的翅膀。——华山

如果说,这是东盟人创新的有力体现,那么,它的整个成长价值链更构成了创新的生动实践。——东盟电气

如果说生命是段寻找与归宿的对话。那么,欧式的高贵,是我想要的生活。——紫宸澜山

例:

如果你认为,超级巨星就是站在舞台上,跃动全场,人潮涌动。

如果你认为,超级巨星就是要有话题,保持曝光。

……

如果你认为,超级巨星就是这样造就的,那我不是巨星。

——阿迪达斯

5.条件句式

常用:

不是……才

无论(不管)……都……

只有……才……

凡是……都……

当……

不是所有牛奶都叫特仑苏。——特仑苏

唯有境界相同者，方能同道论道。从世界第一男高音多明戈，到论道竹叶青，皆循此道。——竹叶青

每一个人的心中都有一个美猴王，当时代造就你的同时，你也创造了时代。——六小龄童百事可乐微电影

不是所有经历都叫传奇；不是所有颠覆，都叫开创；不是所有放怀，都叫自由。因为，不是所有吉普，都叫Jeep。——Jeep

6. 因果句式

平面文案喜欢：因为……所以……

影视文案喜欢：(之)所以……因为……

我们更相信，你之所以一直挑剔，是因为过去没有遇到对的"她"。今天，她就在你身边。褪去华丽，回归真实。亮出你的生活态度，人人都是生活家。——科恩电器

你的健康我们尊重，所以我们选用纯天然的新疆棉花，因为3000小时的光照足可以亲近肌肤，又让你远离污染。——博洋家纺

例：

不管秋风落叶，或是漫天风雪，

他们所以无所畏惧，

是因为他们有火。

火中有陶,陶中有酒。

——陈凯歌《仰韶》

7. 转折句式

除了"但、却、然而",转折句式其实还有很多表达方式。

世界上有很多条路,却只有一条走得越远,离自己就越近。——孕之彩

从原乡到异乡,从异乡到异乡,再从异乡回到原乡,在常人看来,枸杞还是那个味道,但在严老伯那里,却是人生百味。——舟塔严老伯纪录片

我们相信,每个人都渴望远方,但家永远是旅程的中心,是起点也是终点。——博洋家纺

没有人认为,时间可以停止,直到……

我们放弃选择,但不选择放弃。

我们都曾不堪一击,我们终将刀枪不入。

她说,
她已经停止成长,
只是在变老而已。
他说,
他足够老了,
却需要成长。
——《这个杀手不太冷》

世界上有很多种假设,却只有一种结果。

或许,心曾迷失在追逐理想的路上,但最美的向往,原来就在触手可及的地方。——奥迪Q3

8. 并列句式

并列句式的句与句之间是平等或对仗关系,排比句较多。

大物流时代的到来是机遇还是挑战?
后危机时代的转型是博弈还是共赢?
有人曾形容物流业是国民经济的"血管",是连接制造业与市场的桥梁纽带。
也有人形容物流业是"黑色的新大陆",是有待掘取的第三方利润之源。
——浙江物流业发展论坛

在这里,东方遇见西方,
在这里,古典邂逅时尚,
如同接轨世界的大使,
一个回眸,一个顾盼,
一上场,便释放气场。

顶上,因城市而生;
城市,因顶上而多情。
——顶上

别人感受到你的激情,我们感受到你的温情。
别人看到你的成就,我们看到你的迁就。
别人听到你的掌声,我们听到你的心声。
——福邸

我生活的内容就是见到他和等待见到他。
——萧红

坚持是一种快乐。

坚持,是不随波逐流,不人云亦云。

坚持,就是一种从容的优雅。

——华为 MATE8

9. 设问、反问句式

设问一般放在开篇,用于强调。故意先提出问题,明知故问,自问自答,当然有时候是让观众回答。

真有这样一个地方吗?鱼类中的软黄金在此安家落户。

真有这样一个地方吗?鱼类中的活化石随处可见。

——万聚渔业

如陈凯歌《仰韶》:

七千年时光,有什么瑰宝,可以璀璨至今,历久反而弥新?

九万里大地,又有什么经典,可以世代珍藏,绵延乃至不绝?

反问句式包括用肯定句表否定的内容和用否定句表肯定的内容两种形式。反问句式能加强语气,发人深思,激发感情,加深受众印象,增强气势和说服力。但中学生作文用得比较多,影视文案用得非常少。

今天,有谁可以想象,

人类真正成了电视的主人,

随心驾驭,感受不一样的魅力。

一枚芯片正释放出巨大的生产力。

——《国芯》

还有很多句式比较小众,就不一一分享了。很多时候,这些句式不会孤立地运用,而是有机结合,融会贯通。

如何写一个回味无穷又富有感召力的结尾？

从小到大，我们一直被灌输结尾的重要性。

叶圣陶说："结尾是文章完了的地方，但结尾最忌的却是真个完了。"

托尔斯泰说："好的结尾，就是当读者把作品读完之后，愿把第一页翻开来重新读一遍。"

一篇文章的结尾有两种形式：一是"煞尾"，如骏马收缰，忽然停住，寸步不移；二是"度尾"，如画舫笙歌，从远地来，过近地，又向远地去。

那么，对于商业短视频而言，面对不同的客户诉求，文案又该如何结尾呢？

很多人都知道结尾要思想拔高，要承上启下，要展望未来。但如何拔高？如何承上启下？如何展望未来？到底应该从哪些角度进行切入呢？

语文老师教给你的只是做饭，用来果腹；而我们告诉你的却是烹饪，是一种艺术体验。

现在，就把过去所学的统统忘掉吧，客户付钱就是要你拿出不一样的东西。

以下20种结尾方式都是笔者根据多年经验积累所得。当然在实际应用中，需要多种方式灵活应用。

1. 时空交错

结尾拿时间说事。常用句式：昨天……今天……明天……

（举例：宏大控股）

昨天的不断超越成就了今天的宏大，今天的宏大必将站在更高的舞台上掀起新一轮的风暴。

（举例：盛缘轩）

今天，我们与独具慧眼的您相遇，

无论是否第一次,

我们都将以虔诚的态度,

让更多"心"的探索成为可能。

(举例:浙江四川商会)

无论过去、现在,还是将来,

在他们看来,远方从来不是别人的,每个人都应是远方的眺望者。

给你力量,伴你远行,与你同在。

2. 使命传承

一朵如其所是的玫瑰,才是玫瑰。每一个人、每一株植物、每一只动物、每一家企业都有一个天生的使命——完成如其所是的自己。

所以,在结尾往往强调使命感,不忘初心,继续前行。

(举例:龙额火山茶)

中国不能没有世界顶级红茶,中国要发展顶级红茶。

我们承载的不只是这一片片神奇的绿叶,更是顶级红茶的使命和希望。

坚守初心种好茶。与责任担当的最小差距,便是与未来的最大交集。

(举例:汇孚)

未来的汇孚不只是一个撮合平台,更是一个共生共荣的新产业链生态。

因为,人类从未放弃对更高效率、更低成本和更加自由的孜孜追求。

因为,我们始终坚守一个使命:让人们更好地享受大自然。

3. 归纳总结

通过归纳,进一步强调自己是谁,或自身的立场。

(举例:中国平安)

这就是平安。

一个让世界更加美好的平安;

一个继续全力以赴,与客户、员工、股东及社会同生共长的平安;

一个用爱与责任唱响"天下平安"的中国平安。

(举例：农夫山泉)
21年来，农夫山泉已经在全国优质的八大水源地建立了十五座工厂，从水源到产品，每一座工厂都是对品质的坚守。我们不生产水，我们只是大自然的搬运工。

4. 画龙点睛

睛就是文眼。文眼是文章的精神凝聚点，也就是文中最能揭示主旨、升华意境、涵盖内容、拔高思想的关键性词句。

(举例：阿里零售通)
让好货流通，让情感留驻，
让再小的商店也满载人情味，
让再大的社区也有一个照应。
服务每家店，只为每个家。
阿里巴巴零售通。

(举例：Jeep)
也许，最重要的旅程，
是看到了用眼睛看不到的风景。
领略人生宽度，进口全新大切诺基。

(举例：百事可乐之六小龄童篇)
每一个人的心中都有一个美猴王，
当时代造就你的同时，
你也创造了时代。
我们把快乐一代一代地传下去，是为了让更多人把快乐带回家。

5. 愿景蓝图

习近平总书记说:一张蓝图绘到底。有愿景才有未来。愿景也是企业文化中很重要的一部分。

(举例:宝业建设)

在充分理解生态环境与人文关怀的基础上,宝业建设凭借完整的产业链条与战略协同优势,树立了自己的愿景,那就是:企业健康发展,铸塑宝业品牌,打造百年宝业。把历史和荣耀沉淀在心里,一个更加生动活泼的面孔,一个稳健发展的宝业,正走向未来。

(举例:德创)

诚信为本,合作共赢。未来的德创将着力在更高的舞台上与国际接轨,朝着国际知名的专业环保产业集团的发展目标不断奋进,并与广大客户携手共创美好的未来。

6. 以小见大

文案往往在前面进行局部叙事,结尾进行放大,或者通过星星之火,掀起燎原之势。

(举例:腾讯)

是什么让生活更有意义?

……

当你可以抚平一个人的伤痛,也可以分享全国人民的喜悦,

当你走近世界,当世界走近你。

生命何其精彩,当你我只是相隔弹指之间,

在线精彩,生活更精彩。

(举例:雪佛兰新赛欧)

虽然,它不会是梦想的终点,

但它可以证明，

那些可爱而可敬的普通人的价值，

证明他们的每一滴平凡的汗水，

都是如此的不平凡。

这就是雪佛兰新赛欧。

7. 发出邀请

招商、招生类用发出邀请的结尾用得比较多。

(举例：万利建筑)

建筑，见证着一个时代的伟大，也承载着人们对未来的梦想。

鉴于当前行业的深刻认知，万利构创起"以人为本，和谐共存，科学发展，利国利企"的大企业文化理念，铺就广阔的建筑平台。万利人愿与社会各界朋友一道，精诚合作，共建精品工程，共创美好未来。

(举例：德清)

在这里，每一个人都是有故事的人；

在这里，每一个人都能发现另一个自我。

亲山亲水的德清，亲民亲商的德清，正向世界发出最诚挚的问候。

8. 团队寄语

团队摆摆造型，以个人或团体的形式向世界发出独白，或寄语未来。

(举例：徽商银行)

女员工："业务精良，品牌卓著，给我们信心走向世界！"

员工甲："徽商！"

员工乙："徽商银行！"

众员工："我们一定成功！"

行长："打造属于我们自己的国际化知名品牌！"

每一天，每一个岗位，每一个细节，每一点创新，每一个梦想，徽商银行，品牌承载梦想!

9. 集体价值

把企业自身纳入客户、股东、员工、社会当中,体现一种企业公民的担当。

(举例:中国建设银行)

中国建设银行始终将自身腾飞与民族复兴的使命紧密结合,在发展中壮大,在创新中前行,致力于为客户提供更好的服务,为股东创造更大的价值,为员工搭建广阔的发展平台,为社会承担全面的企业公民责任,用奋斗凝聚历史,铸就世界一流银行的辉煌。

10. 重复强调

结尾再一次重复开头的内容,起到加深印象、增强记忆的效果。

(举例:小罐茶)

用三年半时间,我们找齐了八位大师,他们有跟我们共同的理想和信念,如果能让大家喝一口,竖个大拇指,我想这所有的付出都是值得的。

八位大师,敬你一杯中国好茶。

小罐茶,大师作。

11. 发挥作用

结尾阐述其发挥的作用、释放的价值、创造的商机。

(举例:中国东盟博览会)

中国东盟博览会,不断创新合作内容,积极拓展合作领域,发挥出10+1>11的增值作用,创造了超越十一国的广阔市场商机,在全球经济合作中发挥着越来越重要的作用。

中国东盟博览会每年举办,无限可能,与您邀约,共同创造繁荣崭新的一天,让我们相聚到永久。

12. 号召鼓励

这类结尾用得比较多,类似于"让我们一起逐梦前行,共同开创灿烂的明天"

这样的感觉。

(举例:奇瑞)

问,在心里,

路,在脚下。

以造物应有的态度,

开启新的传奇旅程。

13. 希望要求

结尾提希望、提要求也是非常常见的。

(举例:河西走廊)

我们希望,在今后的日子里,

能以最大的勇气和真诚,

讲述历史上曾经发生过的故事,

呈现当代河西走廊上百姓的故事。

但愿这部纪录片,

能够成为观照未来的独有记忆,

并且以此回望茫茫苍生,

以此守望宏大未来。

14. 埋下伏笔

通过前面的陈述和铺垫,结尾并不做评判,结果让观众拭目以待,为未来埋下伏笔。

(举例:酒泉物流信息港)

地球村正在形成,谁能洞悉未来,谁就将影响世界!

酒泉,我们期盼着……

15. 回到原点

几乎80%的影视剧和文学作品都采用这种手法,有丰富的哲理性在里面。

短视频也一样,有时是通过画面,有时会通过文案,最终都要回到原点,形成闭环。

(举例:思科)

21世纪,网络的时代,200年前在工业革命中上演的里程碑式的一幕正以惊人的速度在互联网革命所开创的新经济中重现,作为这一浪潮中的先行者和成功者,思科在你身边,世界由此改变。

16. 问句启发

问而不答,隐而不晦。

(举例:纪录片《仰韶》)

7000年前,仰韶人用陶蒸酒,

7000年后,现代仰韶人仍在用陶蒸酒。

一国有一国的文化,

一国有一国的名片,

仰韶人为我们留下了一份璀璨的瑰宝。

陈凯歌:我收藏中国之前的中国。您呢?

(举例:七彩人生)

上帝用七天创造了世界,

更把选择权交给了您。

若生命是一场优雅蜕变,你以谁为伴?

若生命是一场身与灵的修行,你与谁同行?

七彩人生,您专属的心灵驿站。

17. 隐喻象征

结尾采用比喻手法,强调其象征意义,意味深长。

(举例：话说长江之江城武汉)

晨曦的霞光里，映出江水的一抹金色，这是江城武汉新的一天的开始。对于今天这个有着水一样质感的城市而言，500多年前汉水的一次改道所成就的辉煌，仿佛只是武汉这个城市刚刚演绎的一段华彩乐章。

18. 诗情画意

结尾采用诗化语言，可以唯美大气，也可以小资清新。

(举例：金鹿航空)

俯瞰，万象更新，胸怀宽广自在；

仰视，云阔天开，境界无限从容。

俯仰皆从容。

(举例：同里)

某年 某月 某日 你在这里 我在同里

艳遇千年 今生同里

19. 表明身份

前面皆为铺垫，到结尾才表明身份。

(举例：方正)

我是谁，你看不见我，

我是方正医疗信息管理系统，

方正IT，正在你身边。

(举例：华为MATE8)

因为快乐，所以坚持，

因为坚持，所以内心强大。

我是沈清，

我是刘爽，

我是乌尔善。

（举例：佛山听禅篇）
月儿悠悠，顺风，送船儿走。
老幼观月。
佛山，简称禅。

20. 开放式结尾
结尾是叙事的主观冲动，开放则更具魅力。一般电影都采用这种手法。
开放式结局是没有真正的结局，而是由观众自己去想结局，观众可以按照自己的想法挑任何一个自己喜欢的角色设计一个结局。

（举例：宇宙的边疆）
我们有人类百万年来用巨大的代价积累起来的丰富知识。我们这个世界人才济济，人们勤学好问。我们的时代以知识为荣。我们是很幸运的。人类是宇宙的产物，现在暂时居住在叫做"地球"的星球上。人类返回家园的长途旅行已经开始。

（举例：致匠心）
专注做点东西，
至少对得起光阴岁月，
其他的，就留给时间去说吧。

（举例：Jeep）
你将决定它怎样开始，
你将决定它如何讲述，
没有故事，不成人生。

如何以营销思维写文案？

短视频行业存在三种思维：

乙方思维：擅长用影视级高端设备拍出艺术大片，画面讲究唯美细腻，或者通过狗血式的剧情赢取点击率。但片面追求视觉风格和点击量，就会缺少商业洞察，导致消费者不买单。

甲方思维：要么是技术控，各种先进设备，各种专业术语，各种专利资质；要么是实力控，宏大格局，气派办公楼，高大上的生产车间，雄赳赳的团队……但功能诉求的结果就是把品牌形象变成了说明书，B2C思维的结果无异于自我贴金，纯粹是一厢情愿。

受众思维：C2B思维，一切以受众为中心，把信任作为第一生产力，甚至敢于揭自己的短，最终营造出超越客户期望的体验。

在笔者看来，受众思维便是营销思维。

营销思维，并不像工业时代那样片面解决功能问题，也不是通过一些套路和技巧，来"忽悠"受众，而一定是感性诉求＋理性说服，即通过感性诉求解决情感问题、动机问题，再通过理性说服的力量，让受众放心踏实地买单。

关于动机，众说纷纭，笔者更相信4R理论，即四个基本的人类动机。

Reincarnation（再生）：人类虽然实现不了长生不老，但都渴望焕发年轻光彩，焕发活力，焕发灵性，让另一个自己重生。比如医美行业倡导逆龄、冻龄、减龄的理念；健康行业倡导健康生活的梦想；养生行业倡导身心灵的和谐统一。再比如，朋友圈不断转发的世界排名前10位的奢侈品中，再生的动机排在了前三位，分别是一颗不老的童心、生生不息的信念、背包走天下的健康。可以说，大到人类和地球的可持续发展，小到人的内心，都离不开再生的动机。

Recognition（认可）：我们都渴望得到他人的尊重与敬仰。在马斯洛需求层次理论中，最高层次的需求便是自我实现。在这个世上，无论企业，还是个人都有其特定的使命。每个人都希望活出真正的自己，每家企业都希望成为一家值得尊敬的伟大的企业。比如耐克、阿迪达斯、华为等一系列短视频的打造，都是围绕这一动机展开，成为励志的典范。

Romance（浪漫）：性是一种动力，即便性欲之火被压住，大多数人也都对舒适、陪伴和柔情有着不断的需求。过去很多网络电影喜欢打情色的擦边球，今天杜蕾斯一系列隐喻的广告传播更是如火如荼，可以说一切性感的广告视频，都是基于这一动机。

Reward（回报）：人们喜欢的回报形式有很多，一场放松身心的旅行，一顿免费的大餐，一场明星的见面会，一辆高档轿车，一次超级体验，一种新兴的生活方式等等，是对自己征战沙场多年的犒赏，是对自己多年付出的奖励。当然，人们最急切寻求的回报还是金钱。

只有成功地解决了以上四大动机中的一种，才能真正走进受众的内心。

比如，最近朋友圈很多人转发了一则大众的视频。讲的是每一个孩子小时候都有一辆心中的"dream car"，但可悲的是这些车辆里没有一辆是大众汽车。面对这种残酷的现实，大众敢于正视"悲剧"，并亮出自己的态度："你的梦想里虽然没有我，但我会尽力守护你的梦想。"大众通过典型的受众思维（营销思维）宣传自己，赢得的必然是好口碑。

再比如，我们曾在微信群里分享的一则医美品牌视频。传统的视频往往是清一色的白大褂、一排排冷冰冰的设备、一摞摞荣誉证书，而这家企业则是通过真人演绎的形式，为观众讲了一个个蝶变的故事，所有的画面也都在致力为顾客提供一种体验，通过感性诉求而不是功能介绍来打动顾客。这也是营销思维的典型运用。

但有了感性诉求，也要理性说服。否则点击率很高，但转化率寥寥。

理性说服，主要是进一步打消客户的顾虑，站在理性层面解决信任问题：

客户为什么相信你？

客户为什么相信你的公司？

为什么相信你的产品？

建立信任的方式有很多，比如媒体见证、客户见证、意见领袖见证，胜过千言万语；朴实的真人演绎胜过高超的表演；一个大品牌背书也极具说服力。荣誉资质这块，一定要选一个最具含金量的，切忌同时使用两个或更多的荣誉证书，以保证最高级的荣誉证书能被鲜明认知。比如"G20国宴指定用品"就会胜过其他杂七杂八的称号，重量级的称号一个足矣。

如何以营销思维写文案？总结来说主要是感性诉求＋理性说服。感性诉求解决的是动机问题，理性说服解决的是信任问题。

在具体实践中，还需要强调以下几点：

(1)注重客户体验。

——未来社会最大的消费就是体验。体验者愿意为琴棋书画、诗酒田园、艺术殿堂、星级生活买单。

一定要通过场景体验，让客户觉得自己就是明星，是上帝。一定要让他们自己决定自己的生活方式，我们只是提供超值品质和体验，在字里行间把这种感觉流露出来。消费者升级就是消费者愿意付出更高的成本，购买的是一种价值观的匹配。

(2)真人演绎、真实见证。

——有些东西是无法通过演员演绎的。朴实的真人写照胜过高超的表演；真实的见证胜过万语千言。

(3)讲故事。

——讲故事的方式，远比逻辑严谨的产品说明书更容易传播。（关于该内容，下一章将重点讲述。）

怎样才能讲好故事?

上帝一定会为我们留下一个秘密,让我们发现,让我们讲述。

早些年,柳传志、马云他们曾去考察劳斯莱斯,然后就被震惊了。他们发现,大牌企业太会讲故事了,而且颠覆国人的思维。

在国内,无论我们的企业展厅还是企业宣传片中,都会用一些美女帅哥来讲述,而劳斯莱斯却用一位白发苍苍的老员工讲故事。

讲述的时候,他完全是流露出一种发自内心的激情和热爱,这是无法刻意表演出来的,完全是由时间历练出来的。

另外,对于这样一个奢侈品牌而言,劳斯莱斯并没有讲一些高大上的东西,也没有讲一些形而上的大道理,而是围绕着一针一线来讲故事。

柏拉图说:谁会讲故事,谁就控制世界,谁就拥有整个世界。

笔者在《商业宣传片私作品:文案、创意、策划》中也分享过,人类自古到今,想把一件事传扬得到处都是,只有一个方法被证明是有效的,就是讲故事。所以才有了刘备、关羽、张飞的忠孝节义,才有了象征爱情美好的牛郎织女,才有了精忠报国的岳飞。

历史发展少不了故事的传诵,同样,现实商业领域也不例外,当世界开始僵硬,我们同样要讲故事。

那么,首先,故事由谁来讲?

我们知道,社会发展越来越快,而信任却越来越稀缺。可以说,没有信任就没有交易,而快速建立信任的方法,就是讲创业者的故事。

于是,在各个路演舞台上,不乏创业者的身影,故事的逻辑往往是这样的:一定要有一个悲惨的开头;突然有一天发生了一个转机或启发,主人公的事业有了突破性的进展，最终主人公得出人生感悟或价值观。

当然，根据不同目的、不同受众，讲故事的主角也在发生变化。但最好是与品牌关联的真人讲述，这样才能拉近与受众的距离。

比如，New Balance请李宗盛代言，讲的是致匠心的故事；农夫山泉不请任何名人代言，而是由最基层的一线员工来代言，《一个人的岛》讲的是品质坚守的故事；小罐茶邀请了一个个制茶大师，讲的是大师作的故事；剑桥大学宣传片由一名老教授作为主线，讲的是该校的影响力；建筑行业、服装行业的宣传片往往把设计师放在舞台中央，讲的是设计师与众不同的设计理念。

明确了谁来讲故事的问题，接下来要探讨的是：故事到底要讲什么？

笔者总结归纳了以下几条：

(1)讲我的故事、我们的故事、我们未来的故事。这一般针对创业团队，比如阿里的十八罗汉。

(2)讲学历、资历、经历。这一般针对个人，快速赢得受众的信任。

(3)讲从小到大、从无到有、由弱到强的故事。往往针对成长型企业，鼓舞人心，振奋士气。

(4)讲成就员工、成就客户、成就企业的故事。主要表达企业的胸怀、格局，更侧重企业的社会价值。

(5)蜕变重生、脱胎换骨的故事。

当然，故事类型有很多，你还可以细分出更多。

那么接下来该如何讲故事？

在笔者看来，讲故事主要围绕三点：

(1)核心价值观。

大家都知道，中国梦围绕的就是"二十四字"核心价值观。

其实每个企业都有自己的核心价值观，也就是起心动念的内容。如果不是为了钱，你为什么做这个行业？唐僧之所以不畏艰难去西天取经，是因为他知道为什么出发。

正是这样的心声，才能在你和你的受众间创造一种亲切感、共鸣感，这才是关键所在。

新零售时代,所谓的消费者升级,在笔者看来,就是消费者愿意通过更高的价格购买一种价值观的匹配,而不是产品本身。这种价值观的匹配刚好解决了消费者的动机问题。

(2)人。

品牌的核心价值往往离不开"人",如股东、员工、合作伙伴、消费者、意见领袖等。

当然,很多用于招商、路演、形象展示的视频可能没有人物设定,在这种情况下,文案更要让受众感受到人的存在。

比如:星巴克。

星巴克很少做硬广告,但它所有的活动都紧密围绕着"人"。故事永远围绕着"人"。

星巴克的精髓:没有人,就不会有咖啡。

星巴克的思想:我们不是在经营那种卖咖啡给顾客的生意,我们是在经营一项关于提供咖啡的人的事业。我们之所以富有激情,是因为有这些为咖啡而忙碌的人,是因为有我们的顾客、合作伙伴,还有我们所处的当地社会。

比如:捷豹。

如果在买车的时候,销售员喋喋不休地告诉你该款车的发动机有多好,内饰有多棒,你可能很难心动。但如果他告诉你该款车是玛丽莲·梦露送给男友的,杰奎琳送给肯尼迪的,这样的故事是不是很容易撩起你那根心弦呢?

(3)角度。

每个品牌的发展都会有一个生命周期。我们做的就是通过视频讲故事,不断地讲故事,从不同角度讲故事,让品牌形象更加立体饱满。

我们以服装品牌为例,结合具体情况,可以尝试从以下角度切入:

● 匠心篇——以企业家的匠心精神为主线。企业家做服装的初衷、多年的探索研发及背后的故事。主角:创始人。

● 季节篇——春夏大片、秋冬大片。应季服装纯展示。主角:模特。

● 设计师篇——站在设计师或工艺师的角度,谈一件好衣服的标准,然后如何选面料，采用什么工艺，怎样实现对完美的追求等等。主角：设计师。

● 意见领袖篇——人物自己的故事，这种故事刚好与品牌理念一致。主角：意见领袖。

● 微电影篇——通过设计一个巧妙的故事，展示服装亮点。也可以通过一个故事，让主角穿梭于各个场景，充分演绎服装，故事是一条主线，人物进行串联。主角：演员。

● 服装搭配篇——通过告诉别人服装知识，以及教大家怎么搭配，让大家学到知识的同时，更喜欢买他的服装。主角：搭配师。

● 招商篇——品牌理念、合作模式、扶持支撑、未来愿景等。

● 造势篇——受市场热捧，各种合作、企业形象展示等。

● 主持人篇

● 眼球公关篇——顾左右而言他。表面上组织了一件有意思的事，但从侧面反映出品牌的东西，如陌生人的第一次接吻。

总之，故事讲好了本身就是营销，润物细无声的营销。

先要明确你的价值主张是什么，然后所有的故事都围绕着这个价值主张来，不断传递。

如果好故事讲了三年、五年、十年，你根本不需要自己贴金，情怀也好，匠心也好，都会自己彰显出来。

视频营销:如何找好切入点？如何把握好推进的节奏？

对于同一个品牌而言,短视频创作可以有多个切入点、多种风格、多种文案写法。但创作离不开品牌架构,更离不开营销体系。视频营销要持续不断地进行,避免呼啦圈效应,即忽然间流行,忽然间消失。那么如何找好切入点？如何把握好视频节奏呢？

比如New Balance继李宗盛致匠心后,根据市场的热度反馈,又推出了名为《每一步都算数》的短视频,更深一层揭示它背后的心路历程和内心的独白。

再比如农夫山泉,先后推出《寻找莫涯泉》《施工中的挑战》《设计以自然为本》《做森林的过客》《一个人的岛》《G20峰会篇》等宣传片,层出不穷。在你快要淡忘它的时候,又有新的视频出现了,继续俘获你的眼球,走入你的内心。短视频通过不同的人从不同角度进行讲述,透露出浓浓的生态和人文关怀气息。让人明显感受到,一切都是为了诚信,一切都是为了品质,从而让品牌形象立体饱满,堪称视频营销＋内容营销的典范。

视频营销的节奏没有统一的规范,需要与品牌营销体系一脉相承。根据品牌发展的生命周期,常见的有以下几个阶段(仅供参考):

(1)造势,树立品牌高度。

——展示品牌产品最大长处,直白描述,产生印象。

这一阶段属于概念导入期,对于后期推广起着决定性作用。在品牌构建初期,更需要直接提出概念,强化产品优势与差异性,以高区别、高传播的形象识别来完成认知期的传播任务。这一阶段,让受众直观地了解品牌及产品,告诉别人:我来了。同时,为下一阶段埋下伏笔。

(2)亲和,强打品牌功能及利益。

——概念提升期,创造趋势,微观呈现。

在导入期之后,有一个相对较长的低速阶段作为品牌和品类的孕育期,让受众有机会缓慢而且充分地了解品牌和品类,深入认识其价值。与此同时,品牌培养出第一波忠诚而成熟的顾客,他们会逐渐影响和带动一波又一波的消费人群,为品牌不断创造顾客。

通过第一阶段的宣传,品牌已经吸引了越来越多的关注,因此,这一阶段应乘势出击,进一步地深化挖掘,将层层面纱揭去,展现一个完整的品牌概念。

在宣传片创意上应侧重人性化诉求,人物将成为视频的主角。

(3)绽放,为品牌注入热销概念。

——高速发展期,持续加大投入,将品牌塑造成热销的英雄。

该阶段将以口碑营销为主。除了视频营销,最重要的是公关传播和软性宣传。

(4)巩固,与消费者深度沟通。

——品牌的巩固和升级阶段。

该阶段,形象的塑造便成了重点,升华品牌内涵,提高品位,努力塑造国内知名品牌,以更加开放大气的姿态展现在世人面前。同时,品牌升级,新品迭代,孕育新的增长点。

以上属于通用的思路框架,现实中需要灵活运用,可以是四阶段,也可以是三阶段,千万别拘泥于某一局部。

附录 A 客户调查表

短视频创意简报调查问卷

项目：_____   日期：_____

一、这次拍摄短片(广告、宣传片、微电影)的目的和用途是什么？主要是给谁看？受众有哪些痛点？

答：

二、片子想表现公司的哪些内容？重点要突出公司哪些方面？有没有清晰的主题？能否罗列几个关键词？

答：

(举例：历史发展、产业现状、解决方案、产品体验、客户服务、社会公益、营销网络、多元化、国际化、资本化、荣誉成果、企业文化、未来战略等。)

三、公司的核心竞争优势是什么？

答：

四、公司的产品有什么特点？针对什么目标市场？

答：

五、公司在行业中的地位？主要竞争对手是哪几个？它们与贵公司有什么不同？

答：

六、公司的经营理念和企业文化是什么？未来的发展目标和愿景呢？

答：

七、这个片子长度为几分钟？时间分布上有没有大致的框架？

答：

续表

八、本片的语言风格是追求大气、感性、走心、激情、诙谐还是朴实简洁？文案需不需要有很多的创意？ 答：
九、本片的制作要求是大制作还是一般的制作？有没有具体的预算？ 答：
十、本片什么时候要制作完成？ 答：
十一、贵公司以往是否拍过宣传片，希望在哪些方面改进？ 答：
十二、有没有详尽的资料给我们？有没有自己喜欢的样片？ 答：

附录B 部分群友评价(不分先后)

大连　马旭

——起源于鲜活的实操案例,觉得每一次分享都有获得感,任老师是比客户还懂客户心思的影视文案策划,能够写出客户心中有、笔下无的东西。

南京　玲子

——任老师的策划群是我见过的最负责、最真心诚意分享干货的文案群,当我还是小白时,任老师的分析与案例带领我敲开了文案大门,我学到很多,非常非常感谢任老师!

江苏　夏涛(曾获第17届电视金鹰奖长纪录片奖)

——汪曾祺曾说:"语言的美不在每一个字、每一句,而在字与字之间、句与句之间的关系。"如果你读过任老师的宣传片文案,你会觉得一部影视宣传片的美,不在于它的画面有多么艳丽、剪辑多么有技巧,而在于文案的创意、结构和高度,文案始终是一部宣传片的灵魂。任老师总会在枯燥的工作总结或是显而易见的平凡事物中,抽丝剥茧、另辟蹊径,高度概括、归纳,用另一种叙事方式、独特视角来解说同一件事,让人们有眼前一亮、拍案叫绝的感觉。

《舌尖上的中国》的导演任长箴非常善于用纪录片的方式讲故事,左轮风影视的任立民非常擅长以新颖的视角来策划、创意宣传片文案。"北有任长箴、南有任立民",应该是对当下纪录片、宣传片业内两位大咖的最好解读。

北京　马原驰

——随着文案市场认知度的不断提升,文案已经成为后影视宣传片时代最重要的剧本。搞策划,树创意,讲方案,做视频,跟随左轮工场任老师(杭州老警察)学习一年多以来,从宏大的纪录片制作,到微众的短视频营销;从天量级企业的方案,到小而美的精品策划,一周两节课,每节课多案例的课程排布,给予了我足够的吸收空间。

任老师用自己千锤百炼的经验和精辟的思维结构,让学生不断提升创意格局,跳出方案的泥潭,期待任老师的文案能让更多人知道,更多的同学与我们交流,并进!

湖南　李国平(中国报告文学学会会员、湖南省作家协会会员)
——读任老师的书,是一种享受,一种领悟,一种提高;听任老师的课,是一种愉悦,一种洗礼,一种升华。

对于一个写作者而言,真正的奢华与亮丽源自于文字的快乐与幸福,而真正供养生命的东西,是思想,是精神,是灵魂。后影视宣传片时代,从表面上看文案的写作具有功能性、实用性的特点。任老师讲的也大多是一些操作性、技巧性的东西。然而,在它的背后,没有深厚的文化功底,没有高超的理论素养,没有宽广的宇宙视野,没有丰富的实战经验和灵活的市场营销应变能力,是很难也不可能达到如此娴熟且运用自如的地步和境界的。

品读书中的每一个文案,聆听影视文案私享群中任老师的每一堂课,似乎都有一个故事存在,都有一段艰辛的经历。每一个细节都彰显了一种睿智、一种洒脱、一种领跑中国后影视时代的自信与自豪,给人启迪和教化、激越和力量。可见,任老师是多么专业、专注、专情,似乎有永远也使不完的劲,永远富有朝气和澎湃的激情,还有砥砺奋进和开拓创新的勇气与胆识。

他常以现实主义与浪漫主义相结合的手法融入影视文案中,学贯中西,新潮时尚,看似为了业务"交差",让客户满意,实则是感国运之变化,立时代之潮头,发民族之先声,让人从中看到美好,看到希望,看到梦想。这里一片新绿,这里万道春光。任老师所体现的精气神,就是与市场、与现实紧密相连的新时代的精神——"中国精神"。

江苏　屠奇峰
——任老师的前一本作品,帮我打开了影视文案的大门,而这一版更是满足了我对于写作影视文案的追求。任老师不仅仅分享撰写影视文案的世界观,更多的是提供方法论。

苏州　余婷

——任何一本书,都不能让你改头换面,但它可以在你选择时拨开云雾,在你出发时信心满满,在你质疑时坚守初心,正如任老师的这本书。

是任老师的书,激发了我进入影视行业的兴趣;还是任老师的书,坚定了我做一个编导的理想,伴我成长,成就人生。良师益友,不过如此。

世界上最有价值的是经验,最无私的是分享,最幸福的是站在巨人的肩膀上看更远的风景。我很幸运,能做那个最幸福的人。

杭州　成莉莉

——任老师的书让我走上了一条做一名合格文案的康庄大道,原来文案这么写才能吸引受众,大赞!只可意会不可言传!

成都　吴诗瑶

——你是不是经常在创作时没有灵感?

你抓耳挠腮、哀天哭地、喝了一杯又一杯咖啡,但就是想不出来!

到底一个优秀的影视文案工作者是什么样的?

好的文案如何谋篇布局?

如何提案?

如何写走心的文案?

一系列曾经困扰你的问题,在这里都能找到答案——影视文案私享群。群创办者任老师会定期组织线上和线下活动,虽然是微信群,属于虚拟世界,但是还是可以非常贴近现实,让同学们在微信群得到想要的东西。在这里,你能看到影视文案的本质,并拥有近距离向高手学习的机会!大家相互交流、讨论、相互吸收并且相互支持,这个大家庭就是这样干货满满、友情满满,谁进群谁受益!我们都在等着你!

深圳　许漫佳

——如果写文案是对一颗种子进行浇灌，那么学习优秀的文案思维和写作方法，就是学会如何去合理、有效地让种子结出让人满意的果实。任老师就是一位能够给读者们和行业从业者，甚至非文案从业的兴趣者们提供这些优秀资源的智者。

桂林　蒋君君

——与任立民老师因其著作《商业宣传片私作品：文案、创意、策划》结缘，我深感荣幸能拥有一位在影视文案方面知识渊博、见解独到，并能坚持长期深入钻研影视文案，与同行分享成果的好朋友、好老师、好作者！

上海　郭婷

——作为一个非科班出身的影视文案策划人，真的是急需一些专业的指导书，可是市面上很少有这样的书籍，几乎找不到，大多是广告文案之类的，可影视和平面文案还是有很大区别的，所以只能通过网络自学。一次很偶然的机会，在微博上看到了任老师，随后翻阅了他所有的微博，发现里面的分享，有易懂的理论知识，也有贴合实际的干货分享，非常实用！

随后就买了任老师的第一本书，接着加入了老师的影视文案群，很让我惊讶的是，任老师非常平易近人，一次在写文案时遇到问题，老师并不是敷衍了事，而是耐心地帮我梳理，并且立即传来对我有帮助的关于影视文案与平面文案的区别之类的干货，我立马套用，结果客户很满意！

我推荐所有想做影视文案策划的人关注任老师，也关注任老师的新书，一本非常实用的工具书！

老师把他多年的经验总结起来，变成一个又一个精辟的知识点，这对于想学影视文案策划的人来说，无疑是一块活学活用的宝藏。

上海　孙仲康

——如果你在影视创业的道路上遭遇坎坷，或许任老师的书会为你打开一扇通向光明的大门。

北京　陈宇翔

——文案，简单两个字，却是传播信息的魂魄。"文"是表象，"案"才是要传递表达的信息和精髓。将"文"行于字里行间，求"案"从容自然表达。一个好的写手，必定是对事物拿捏到位，对核心传递信息在心中百转千回，而后外化成文。

记得初见任老师，他语气平和，性情内敛而有些拘谨。但他的文字，妙语骈句砰然显现，隐约大有开阖之力。然而如何将文字的力量，结合人们的想象，落实到具体要表达、传递的信息中，却不是一蹴而就的。在杭州有句老话，叫"西天取经等不到夜"，意思是有目标，但没耐心。而对于文案的把握和淬炼，恰恰也需要戒骄戒躁。很多人都有这样的经历，自己有着引以为傲的文风，还有偶得的各类妙法，却总是不能"过五关斩六将"，搞定所有客户。因为客户在变，需求在变，文案也要行道如水，在变化中满足诉求。只有不断实操和磨炼，不断和客户对话，和自己对话，不断总结和探索，才能隐去心中的炙热，才能化胸中笔墨为客户所用。而任老师，从当年遣词造句的开场白，到如今妙语如珠的潜台词，就是这么一步一步走过来的。

江苏　管永志

——评价难免主观，我不评价。我是记者，只用事实说话。任老师的上一本书，家中书房放一本，枕边放一本，单位办公室放一本。这一本，同样如此。手中有书，心中有光。认识任老师，文案任我行。

温州　林初挺

——在商业影视圈，很难找到一本有关于影视文案策划的书籍，更别说能与实际案例相结合的这样的干货。可以说，从公司初创到成长，一直有任老师的书陪伴，受益颇多。也非常荣幸通过书籍与任老师结缘，非常期待任老师的新作，大力推荐！

杭州　王灵东

——任老师将自己多年的影视行业积累与实践创作经验融入著作之中，理论基础扎实，案例经典实用，视觉造型语言的描述深入透彻，影视创作手段的运用融会贯通。该著作能够以类型化的案例举一反三，触类旁通，突出了理论与实践并蓄、知识与能力并重的创作理念，是一部紧贴实践、通俗易懂的影视创作宝典！

河北　谢攻

——从事影视文案二十年，一直在苦苦摸索，找不到老师，也没有明确的前进方向。直到加入任老师的文案分享群，我有了一种醍醐灌顶、豁然开朗的感觉。任老师非常善于总结，给了很多写作的技巧和方法，尤其是他总结的好的作品要从"价值引导、精神引领、审美启迪"这三方面去把握，让我创作的思考又上了一个新的高度。

北京　齐美灵

——初识任老师是看了《商业宣传片私作品：文案、创意、策划》这本书，很受启发，里面都是案例、干货分享，给人带来系统的思路，让人逻辑清晰。因此我一直想方设法联系任老师，终于通过微博联系上了，后来任老师开设文案分享会，我毫不犹豫地加入了。在里面任老师每周都会给大家分享不同的案例，以及案例的始末、初稿、修改，再到终稿、成片等一系列的流程，以及在做项目时跟甲方如何沟通等等；不管谁的问题都能及时给予回复，并给出建议；每当遇到没有灵感，不知从何入手的项目，我都会问任老师，他都会及时给出建议，让我豁然开朗。通过任老师的书和平时的分享，我的思路开阔了、逻辑清晰了，写文案也得心应手了。谢谢任老师，很期待任老师再出新作品。

宁波　苏璐杰

——任老师将自己从业以来的宝贵经验浓缩成一本干货满满的企业宣传片专业书籍，可作为新人入行的指路明灯，时常翻阅，每每也让我们这些行业"老司机"深受启发,可谓受益匪浅!另外,非常有缘加入到任老师的创意分享群,让我们每周都能获取更专业更前沿的行业知识!如今群内人丁兴旺,愈发温暖和谐、欣欣向荣!身在其中,是荣幸,是感激,更是动力!

武汉　张桂芳

——从拜读《商业宣传片私作品:文案、创意、策划》认识任老师,然后加入影视文案分享群,任老师多年经验的总结性输出,让我对影视文案从杂乱无章的懵懂乱撞逐渐逻辑清晰,诸多群友的开放性交流也打开了我的思路。人生路上需要导师,任老师是该领域少有的能让人有所启发的老师,希望任老师多出佳作,让更多人得到指点。

洛阳　凌未峰

——思想的灯塔、影视行业的助推者。亦师亦友,坚定了我勇往直前的信心。

武汉　刘赞

——我是一个文案新手,因为机缘巧合,在与客户沟通以及文案撰写上比较迷茫的时候找到了《商业宣传片私作品:文案、创意、策划》这本书,不说其他的,我按照任老师书上所给的思路,谈成了三个宣传片,客户很满意我的文案。真的很值得阅读,无论是新手还是想要给自己更多视野和新意的宣传片制作者。我在武汉,我强烈推荐任老师的新书!

湖南　鲍瑞

——虽然俗话说"师傅领进门,修行靠个人",但在成长的路上,若有一个好老师为自己传道解惑,也确实能让人少走很多弯路。我作为一个文案新人,很庆幸能够在入行之初就读到任老师的书,书中干货满满,案例解析生动而翔实,文字又能兼具意境和美感,尤其是书里所列举的宣传片,在整体构思上的创意,让我不仅收获了写作灵感,也在创作技巧上得到了启发。

杭州　宋驰

——认识任老师已经有十多年了，最早我们是同公司同部门的同事，后来分别开设了自己的广告公司，一直以来可以说是同个战场同一战壕的战友关系。文案是我们这个行业给甲方的第一份答卷，水平到底怎么样，案子是否能拿下，全靠文案的第一枪。任老师几乎承包了我的所有文案问题的解答工作，他是个有共享精神的人，在同行中极其罕见，所以他既是我的良师，也是我的益友。

北京　曹陈旺

——看完任老师的《商业宣传片私作品：文案、创意、策划》一书，有醍醐灌顶、茅塞顿开的感觉。我更加坚信技术只是表面的东西，真正优秀的片子是靠人性和价值观来打动人心的！我非常期待任老师出新书，作为行业一分子，向任老师的无私奉献表示衷心感谢！

北京　李静

——对于商业影视，任老师仿佛有一个百宝箱，不管什么类型的影片，都能抽丝剥茧，抓住核心点位，构建出影片结构。最让人感动之处在于任老师的博大胸怀，总愿将自己的经验梳理成一套套体系授之于人，成为我等在面对一个个案子彷徨无助之时的一盏明灯！感谢任老师！

浙江　顾宇炜

——任老师待人诚恳，思维超前，并能以一种开放的心态，集思广益的形式，迎接未来更大的挑战，这才是王者风范，让人肃然起敬！

大连　王淼

——在影视制作这条路上，蹒跚前行数年，犹如在黑暗中前行，举步维艰。自从遇见了任老师，遇见了智慧的前辈，我开始对这个行业和这份事业有了更深的理解和热爱。感谢您任老师，您就是我事业上的指路明灯。您的执着和坚守，成就了我们这些晚辈。